Si j'étais un arbre

À Brigitte Smadja

www.actes-sud-jeunesse.fr

Éditeur : François Martin assisté de Jeanne Dumurgier
Directrice artistique : Christel Fontes
Maquette intérieure : Marie-Thé Mejean

ISBN 978-2-330-20057-2
Loi 49-956 du 16 juillet 1949 sur les publications destinées à la jeunesse.

Si j'étais un arbre

Catherine Zambon

Si j'étais un arbre
On pourrait faire de moi
Des crosses et des cercueils
Sans que j'y puisse rien.

Extrait de la chanson *"On n'est pas des arbres"*,
d'Areski Belkacem
(album *Je ne connais pas cet homme,*
Brigitte Fontaine/Areski Belkacem, 1973).

1

Pla Perré, c'est le lieu où nous devions passer des vacances tranquilles avant que tout n'explose.

Juillet sera à jamais ce mois où la vie sauvage m'a engloutie.

La montagne, c'est là où tout s'est passé.

Tout.

Je suis épuisée lorsqu'on arrive à Pla Perré en ce mois de juillet, et c'est peut-être pour ça que j'ose l'attaquer de front, Bernard. Mon grand-père. Enfin, *un* grand-père. Je n'en avais pas et celui-ci m'était encore inconnu il y a six mois.

Ce grand-père n'aime pas qu'on l'appelle Bernard. Il trouve que ça fait vieux. Il l'est, vieux, pourtant, il a plus de soixante ans. Il ne veut pas que je l'appelle Papy, parce qu'il ne se sent pas grand-père, vu que père, il ne l'a jamais été. Ce qui est vrai. Ma mère ne l'a jamais connu.

Ce qu'il aimerait, c'est qu'on l'appelle Jimi.

Je n'aime pas, Jimi. Peut-être juste pour le contrarier.

Ce n'est pas un prénom de grand-père, Jimi.

Alors, dès qu'on est arrivés à Pla Perré, il a fallu régler ça tout de suite. Le rebaptiser. À ma façon.

Sinon, l'été allait être pourri.

Et vu que je passais la moitié de l'été avec lui, il valait mieux se mettre d'accord.

Il arrive dans ma vie alors que j'ai presque seize ans. C'est à moi de lui donner un nom. Jimi aurait peut-être été possible si j'avais eu deux ans. À seize, il y a un droit de passage. Mamie était mal à l'aise, elle ne disait rien. Et ce Bernard, tout papy qu'il est, s'il me veut près de lui plus d'un mois, le mieux, c'est qu'il ne se la joue pas autoritaire. Je suis sa seule petite-fille, il peut faire un effort. Maman pensait que ce n'était pas une bonne idée que j'aille à la montagne avec lui. C'est son père à elle, pourtant, ce Bernard. Qu'elle n'a jamais rencontré. Sauf à quarante ans. Mais ça, c'est une autre histoire.

Il est complètement inconnu de nous mais il adore les forêts. Ça fait de lui quelqu'un de possible dans mon univers.

Sauf que je ne l'appellerai pas Jimi. C'est moche. Jimin, ou Jungkook, ça aurait de l'allure. Genre asiatique. Voire Jin. C'est coréen aussi. Et ça nous plaît à Cassandre et moi.

– Jimi, ça fait américain, et je n'aime pas l'Amérique, j'ai dit à Bernard.

– Tu ne connais pas Jimi Hendrix ? s'est-il étonné.

– Non. C'est quoi ? Un produit décapant ?

Ça l'a laissé perplexe. On voit bien qu'il n'est pas grand-père. Dès que je l'ouvre, il est ahuri comme s'il découvrait une autre planète. Bernard, c'est parfait pour un papy ahuri. Ça fait vieux, solide, normal. Il prétend que c'est nul. Il y a beaucoup de choses qu'il trouve nulles, presque tout d'ailleurs, c'est assez spécial quand on vit près de lui. Parce que j'ai fini par beaucoup vivre près de lui cet été à la montagne.

Histoire de se déculpabiliser, il a eu besoin de me raconter que, quand ma mère est née, il avait vingt et un ans.

– À cet âge-là, je n'avais qu'une envie, c'était de visiter le monde. Je n'avais pas envie d'épouser Yann, même si c'était une femme formidable avec des cheveux inouïs, on aurait dit Angela Davis.

C'est vrai que ma grand-mère a un air de ressemblance avec cette Angela qui est une femme incroyable. Black Panther, homo, grande gueule quoi. Et toujours en vie.

La classe ! dit Cassandre.

Ma grand-mère Yann voulait faire des études. Lui rêvait de “faire la route”. Je ne sais pas ce que ça veut dire, “faire la route”, mais à cette époque, les jeunes contestataires voulaient tous “faire la route”. Et au passage, ils laissaient des gosses sans père ici et là.

Bonjour la contestation.

Bernard a reconnu Alice, ma mère, et il est parti. Méga révolutionnaire, non ?

– Ta mère et Yann n’ont manqué de rien, il a bredouillé.

Si, de père, j’ai pensé, mais c’était mieux que je ne dise rien.

– Même si je crevais la dalle, elles ont reçu un virement chaque mois.

Ses yeux bleus de glace fixaient les miens.

C’est ta fille que tu as virée, pas du fric, vieux croûton, j’ai songé dans un silence spectral.

Je fais super bien le silence spectral, ça a le don d’énerver maman.

Je n’ai pas osé demander à Bernard si maman ne lui avait pas manqué un jour, même un tout petit peu. Ça doit manquer, non, un enfant ? Il était où pendant quarante ans ? Mamie râle que ça ne me regarde pas. OK.

Mon géniteur, à moi, je ne lui ai pas manqué parce qu'il n'a pas su que j'étais née. Ça fait bizarre de ne pas manquer à un géniteur.

Ça fait de toi un être spatial, dit Cassandre. Tu appartiens au Grand Tout.

C'est Cassandre qui est spatiale, je l'aime autant qu'un escargot doit aimer sa coquille. Elle me protège. Elle pense que, peut-être, mon géniteur sait en son for intérieur que j'existe. J'ai appris cet été qu'un arbre parle à un autre arbre, alors peut-être que mon géniteur sait par je-ne-sais-quoi-que-j'ignore que je suis là.

Aucun homme ne m'a élevée. Ma mère affirme que si elle a planqué tous ses amoureux, c'est parce qu'aucun ne lui a jamais paru assez digne de moi. C'est définitivement merdique de n'être digne de personne. Maman dit que les femmes de la famille ont le don de faire fuir les pères.

– Pas les hommes. Les pères. Parce que les hommes, Violette, on a le don de les attirer, à vrai dire, affirme-t-elle.

Ça fait beaucoup de dons, j'ai pensé.

– Mets-toi ça dans la tête, ma fille : on attire les hommes mais on effraie les pères. Te voilà avertie.

Avertie de quoi ? Comme si à seize ans j'avais envie de faire un bébé. Vu le monde dans lequel on est en train de se dissoudre, je ne vois pas pourquoi j'aurais envie de faire un bébé, franchement, et les mecs peuvent toujours essayer de vouloir être dignes de moi, ça ne m'intéresse pas, je préfère les animaux. On en reparlera, disent, pensives, ma mère et mamie Yann.

Ces sous-entendus natalistes m'agacent au plus haut point. Je n'ai envie ni d'être mère ni de me coller avec un mec. C'est tout.

Mon géniteur était un Espagnol que maman a rencontré lors d'une manifestation cyclo nudiste à Paris. Il y avait des centaines de cyclistes, nus pour la plupart, avec des slogans écrits sur le dos. Pour montrer que les cyclistes en ville sont vulnérables. Et voilà, j'ai été conçue en plein mois de juin, par deux vélocipédistes nudistes. Ça doit être pour ça que je hais le vélo même avec assistance électrique. Et que je suis méga pudique. Maman n'a jamais revu mon géniteur. Elle ne sait même pas son nom.

Son prénom, oui. Juan. Il ignore que j'existe. Depuis, elle s'est toujours méfiée des attroupements.

Et moi des vélos.

Si ça se trouve, il n'est même pas espagnol et vit à deux rues de chez nous.

Il paraît que je tiens de ce fameux Juan mon esprit rebelle. Je n'ai pas l'esprit rebelle. Pas du tout. Maman veut absolument que j'aie l'esprit rebelle, comme elle quand elle était jeune, car depuis cette manif à vélo elle a franchement abdiqué côté rébellion. Elle s'en méfie. Pas comme mamie qui, elle, est totalement agitée. Moi, je suis plutôt timide et obéissante. Maman aimerait que je sois je-ne-sais-pas-quoi qui changerait la face du monde. Qu'elle s'en occupe ! Toute sa génération l'a pourri, ce monde. Et ce serait à nous de le réparer ?

Bref. Pla Perré, la montagne, premier soir. À peine sortie de la voiture, je dis à Bernard :

– Soit c'est Bernard, soit c'est Papy, mais Jimi non, ça fait américain, et je suis anticapitaliste.

Mamie a pouffé. Cassandre a souri.

– Tu as mon caractère, Petite, a dit Bernard.

Ils me gonflent tous à vouloir que j'aie un caractère ceci ou cela.

– Je m'appelle Violette. Pas "Petite". Au cas où tu n'aurais pas remarqué que je mesure presque un mètre soixante-quinze, j'ai répondu.

Et comme je suis conciliante, j'ai proposé de le nommer Pajim. Comme Papyjimi mais en mode Violette.

Conciliante, je vous dis.

Jusqu'à preuve du contraire.

2

Retour en arrière. Il y a quatre ans, mamie Yann reçoit une lettre. Il revenait, Bernard. Pajim, quoi, mais ça vous l'avez compris. Il revenait.

Ça a été très mouvementé. Un drame. Des cris. Ce genre de trucs que je trouve pénibles, inutiles et bruyants. Ça m'agace, les grandes émotions.

Dans ces cas-là, je me ferme comme une huître face à son prédateur humain.

Je hais pleurer. Je ne pleure jamais.

– Je ne sais pas de qui tu tiens ça, que tu es la froideur incarnée, a dit maman. Ça ne peut pas être Juan, ton géniteur, il était si romantique.

Mamie a soupiré :

– Elle tient de lui, Alice. De son grand-père. Ton père. Il a toujours été froid. Sec.

Et voilà qu'on me recollait des bouts de généalogie idiote.

Je suis moi, vous m'exaspérez à la fin, pourquoi je n'ai pas de frères et sœurs, au moins on aurait partagé le pactole génétique à plusieurs, tandis que là j'ai les défauts de tout le monde et aucune qualité, si j'ai bien compris.

Je les ai laissées à leur bourrasque familiale et je suis allée chez Cassandre, ma pote Cassandre, qui n'est ni fille ni garçon, mais qui est tout pour moi, et qui me trouve géniale absolument géniale.

Je dis *elle*, parce qu'elle préfère le féminin. En ce moment. Ça peut changer. Des fois c'est *il*. Elle n'aime pas *iel* parce que ça la perturbe assez d'être plusieurs, elle veut un pronom personnel stable le temps qu'elle le porte, quitte à en changer tout le temps. Ça n'est pas toujours facile, la transidentité, même si c'est le truc le plus passionnant que j'aie eu à observer depuis que j'observe.

J'adore observer, si possible, depuis le haut d'un arbre.

J'adore les arbres.

Chez mamie, il y a un noyer fantastique où je passe mes journées d'été. Je lis. J'écris. Je me fais arbre. Ça me va.

Personne n'avait envie de voir ce type, Bernard, le grand-père. Mais vu qu'il est têtu comme un âne, il a fini par débarquer chez nous un samedi après-midi avec des fleurs et un doudou. Un nounours en peluche clair avec une tache sur le nez.

– Si c'est pour moi le doudou, c'est un peu tard, a dit maman.

J'ai apprécié tout de suite les yeux bleu vif et le sourire de celui qui prétendait être mon grand-père, et j'ai immédiatement détesté qu'il sente l'eau de toilette et qu'il porte une espèce de queue de rat, même si j'adore les rats.

Je n'ai pas voulu l'embrasser ni lui parler.

Il a tout de même abandonné ma mère à la naissance. Si ç'avait été le vélocipédiste, mon géniteur naturiste, j'aurais fait pareil. Il se tire, il revient quarante ans plus tard avec un doudou et il faudrait qu'on lui saute au cou ?

L'eau de toilette, il n'en porte jamais, il m'a avoué plus tard. C'était pour faire urbain. En temps normal, il sent plutôt le feu de bois.

Il a eu du mal avec nous. Mamie lui avait balancé un coup de balai la semaine d'avant. Et là, maman a jeté ses fleurs par la fenêtre et lui a demandé de s'en aller. Dès que la porte a été fermée, elle a pleuré doucement en tenant le nounours dans les bras. Je ne savais pas quoi faire. Ma mère, c'est une dure à cuire. Prof de SVT. Elle connaît tout et semble indestructible. Pas du genre à s'écrouler. Sauf si je la blesse. Je suis son talon d'Achille, elle dit. Tu me donnes une force merveilleuse, ma fille. Mais tu peux me démolir d'un seul regard.

J'ai pensé que c'était une bonne idée, le doudou, parce qu'il semblait la consoler mieux que moi. Moi, j'aurais gardé les fleurs et balancé le truc en peluche mais vu que je n'ai rien pris du caractère de ma mère, c'est normal qu'elle ait choisi le doudou.

Il est revenu. Bernard/Pajim. Il voulait nous rencontrer. Nous parler. Nous connaître. Il a eu du courage, vraiment, parce qu'après le coup de balai, mamie Yann lui a envoyé à la figure un fond de potage à la crevette, un calalou, une de ces recettes venues du fond des temps, de la Guyane je suppose, où on aurait des ancêtres il paraît.

– La prochaine fois, c'est les flics, elle a hurlé, devant cet homme le visage plein de crevettes mortes.

Elle ne lui a jamais envoyé les flics.

Elle a plutôt accepté son invitation à dîner dans un restaurant chic qui a dû ruiner le grand-père.

– Ça n'est pas aussi bon que ma cuisine, il a glissé après le repas.

C'est comme ça qu'elle a su qu'il était cuisinier. Et qu'il avait apprécié la sauce de son calalou.

– Un homme cuisinier, c'est irrésistible, a décrété mamie Yann. Si tu voyais comment il cuisine le boudin !

J'ai failli vomir. Le boudin, pour moi, c'est une espèce de capote avec de la matière fécale et du sang dedans. Je hais le boudin. Je hais la viande. Je hais qu'on tue les animaux. Je hais le lait qu'on vole aux veaux, je hais le fromage de chèvre, le fromage de brebis, le fromage d'âne, de tout.

– Je ne crois pas que ça existe, le fromage d'âne, a corrigé Cassandre.

Elle m'a appris qu'on fait des produits de beauté avec de la bave d'escargots, non mais c'est pas possible ! De la bave d'escargots ! Quand est-ce qu'on va leur foutre la paix, à la fin, aux animaux ?

Il n'y a que Cassandre qui réussit à me calmer quand je suis désespérée. Parce que ce genre de truc, ça me rend désespérée.

Et je veux mourir.

Tout de suite.

Immédiatement.

Et ne jamais revenir dans ce monde pourri qui tue les animaux pour faire du savon et de la crème de jour.

Le coup du boudin, ça a fait de Pajim un complice d'assassinat. Voire un assassin.

J'ai regardé trois mois ce mec qui bouffe du boudin, sans jamais lui parler.

C'est sa spécialité, le boudin, il paraît.

À ce moment-là, je ne pouvais pas savoir que ça régalait aussi Satang.

Mon initiatrice au monde sauvage.

3

Il est malin, Pajim. Il a fini par préparer un repas végane chez mamie, exprès pour maman et moi. Maman est genre végétarienne sauf qu'elle adore le veau et le saumon. C'est inerte comme pensée, je lui ai dit. Animalicide. Elle est d'accord. Et assume ses contradictions. C'est assez difficile de se disputer avec maman, elle comprend tout. Même ses propres erreurs.

On réalise à ce moment-là qu'il est souvent chez mamie Yann, Pajim.

Même la nuit.

Surtout la nuit.

Ça, ça m'a paru bizarre, mais je n'ai pas moufté. Les vieux aussi font ce truc, la sexualité, ce truc qui franchement me dégoûte un peu. Même si. Bon.

– C'est absurde, a soufflé maman à mamie. Il ne t'a pas assez déglinguée il y a quarante-trois ans ? Nous abandonnant toi et moi ?

– Laisse-la tranquille ! j'ai contesté.

C'est vrai, quoi. Mamie retrouve le sourire, va au ciné, se promène dans les parcs avec lui, participe à des dégustations de vins. Ils sont même allés à des manifs pour le climat.

– Je n'aurais jamais cru que ça m'arrive.

– D'aller à des manifs climat ?

– Non, Violette. Ça, lui.

– Tu es amoureuse ?

– Oui, ma Violette. Je suis amoureuse. Il va m'emmener à la montagne cet été.

Là, j'ai failli étouffer :

– Où je vais aller en juillet si tu te barres à la montagne avec lui ?

J'ai pensé à mon noyer sublime, ma cachette, mon nid.

– Tu pourras venir si tu veux, Violette. Il y a énormément d'animaux et de forêts, là-bas.

Une seconde, ça m'a fait rêver. Les biches, les ours, les aigles.

Et les arbres.

– Il tient un restaurant à la montagne, Violette. Un genre de refuge.

À ce moment-là, j'ai vu des monceaux de boudin posés sur les tables, un feu de bois et des tas de gens se goinfrer de sang.

– Je n'irai jamais, mamie, plutôt mourir, j'ai murmuré.

Le jour du repas végane chez mamie, ma mère et moi on a fini par craquer.

– Il a vraiment fait des efforts, a chuchoté maman.

J'étais d'accord. C'était énorme, ce repas. Avec des entrées invraisemblables. Des verrines de toutes les couleurs. Il y en avait des rose vif. Il les avait préparées juste pour moi, c'est ce qu'il a avoué d'un air idiot.

– Je n'aime pas le rose, j'ai répondu, cinglante.

Il a tiqué.

Pauvre type, j'ai pensé, encore un qui intoxique sa petite-fille avec du E161J, une molécule assassine, au motif que les filles sont sommées d'aimer le rose. Cassandre a failli éclater de rire. Je l'avais invité parce qu'il a quand même hérité d'Apollon le don de prédiction et ça c'est un vrai don, pas comme chez nous où, si j'ai bien compris, on a le don de n'attirer que des ennuis.

Cassandre, même si personne ne le croit à part moi, il ne se trompe jamais. Il a scanné Bernard, de son œil rose. Cassandre collectionne les lentilles de couleur. Il en a même une paire qui lui fait des yeux de loup. Ou de louve. Le grand-père était mal à l'aise. Faut dire que Cassandre est rasé d'un côté et a des cheveux longs et noirs de l'autre, qu'il est un jour gothique, un jour bimbo, un autre *gender-fluid*, parfois les trois, et qu'il ne parle pas, ne sourit jamais et ne mange rien. Il m'a envoyé un texto que j'ai lu sous la table : *Il est clean. Il a des choses à t'apporter. Tu auras des surprises.*

Et il est sorti en s'excusant de ne pas avoir faim. Je savais qu'il allait à une réunion féministe pour faire un collage devant l'hôtel de ville, le genre de truc génial où je suis incapable d'aller, ça me fout la trouille. Tu es trop jeune, il dit. J'ai le même âge que toi ! Oui, mais moi, je suis de l'Antiquité.

Il a des réponses qui tuent, Cassandre.

J'ai regardé Pajim, ce mec qui se glorifie de cuisiner du boudin et, en le voyant me dévisager l'air niais, j'ai compris qu'il était revenu aussi pour moi. Il n'osait pas m'aborder de face, ni vraiment me parler. Mais je sentais son intérêt. Un genre de sensation un peu collante. Mais pas désagréable.

Je suis devenue ultra précieuse le temps de ce repas. Une *queen*.

Est-ce qu'il était digne d'être *mon* grand-père ?

Ça m'a flattée, en vrai, d'être au centre de cette communauté. Genre hibou grand-duc sur son arbre.

– C'est comment de vivre à la montagne ? je lui ai demandé.

Mes premiers mots à ce type inconnu.

– Il y a beaucoup de forêts.

Il parlait doucement.

– Et c'est comment de vivre dans la forêt ?

J'avais le cœur battant. Parce que, vous l'avez compris, s'il y a bien un endroit où j'aimerais vivre, c'est dans la forêt. Dans une grotte avec un ours. Cassandre m'a affirmé que ça doit sentir très très mauvais, les ours. C'est une question de point de vue, j'ai rétorqué. Si j'étais un ourson, j'adorerais l'odeur des ours. Et je me sens ourson. Comme toi, tu te sens fille et/ou garçon. D'ailleurs, je suis certaine que les garçons sentent largement aussi mauvais que les ours.

On a clos le débat là-dessus.

– Je ne suis pas vraiment *dans* la forêt, a poursuivi Bernard. Je vis à l'orée.

Ça m'a fait rêver, ce mot : orée. Mon vocabulaire s'est élargi d'un coup. J'ai immédiatement vu les grands arbres qui ouvrent un chemin. Entendu leur bruissement. Repéré les nids.

– Elle est menacée, il a ajouté. Toute la forêt est menacée. Elle risque d'être rasée pour un projet de méga-scierie. Tout va disparaître.

– Et les animaux, alors ? j'ai soufflé.

– Les animaux… Ils ont besoin de nous, Violette.

Il était grave. Presque touchant.

– Heureusement, il y a des jeunes qui résistent. Ils occupent la forêt.

Maman nous a interrompus joyeusement :

– Des jeunes qui s'occupent de la forêt ? Formidable !

– Non, a rectifié Bernard. Ils *occupent* la forêt. Certains disent même qu'ils *sont* forêt.

Ça, ça m'a plu. *Être* forêt. Je sais que je suis humaine, mais je me sens aussi des tas de trucs qui ont à voir avec la forêt, les arbres, les animaux.

– Et toi, tu *es* forêt ?

Tout vibrait en moi. Il commençait à m'intéresser, ce presque grand-père.

– J'essaie, il a chuchoté.

Il est timide, ce type, j'ai pensé en le voyant manger doucement son dahl aux lentilles.

– Ils ont fait des cabanes, les jeunes, ils s'installent même dans les arbres.

J'ai sursauté :

– Il y a une ZAD ?

Mamie s'est étranglée.

– Une ZAD ? Tu sais ce que c'est qu'une ZAD, Violette ? s'est inquiétée maman.

– Bien sûr ! C'est une Zone à défendre. Ce sont des endroits de nature menacés, il faut les protéger contre des projets destructeurs. Il y a beaucoup de gens qui défendent ces lieux, parfois jour et nuit, maman.

J'étais très fière de pouvoir répondre. Même si mon savoir était hors cours de SVT. Regard tordu de maman à mamie Yann, qui a filé en cuisine illico.

C'est mamie Yann, évidemment, qui m'a emmenée en visiter une en Bretagne alors que j'étais supposée faire un stage de voile où je m'ennuyais à mourir. Exit le stage. Mamie m'a embarquée dans une ZAD. On y est restées cinq jours. C'était génial. Une forêt occupée par des tas de gens. J'ai appris à faire du pain et à nourrir un agneau. J'ai fait copine avec une poule qui s'appelait Greta. J'ai adoré cette forêt où il y avait plein de jeunes, de vieux, vivant dans des cabanes en bois, collées aux arbres. J'aurais voulu rester là tout l'été.

Je ne suis pas océan, ça, c'est sûr, je l'ai compris sur mon mini-voilier. Mais je peux être un peu ZAD, surtout s'il y a des bois et des animaux.

Pajim a hoché la tête et a conclu :

– Une ZAD… Elle a du vécu, Violette. Plutôt digitale que violette, d'ailleurs.

– Digitale ? Quel rapport avec le numérique ? j'ai balancé.

– La digitale, c'est une plante qui ralentit le cœur, il a précisé.

Maman a soufflé, avec une anxiété énorme :

– N'y touche jamais, Violette. Elle est toxique.

Mamie a souri :

– Tandis que la violette, on peut la manger.

Et elle a dévoré sa mousse au chocolat au jus de pois chiches sous le regard brûlant de ma mère en rage et le regard attendri de Pajim.

Je ne veux pas qu'on me mange, j'ai pensé.

J'ai su à ce moment-là que Cassandre avait raison.

Ce type sorti de sa forêt allait m'apprendre plein de choses.

4

Ça a vraiment été extrêmement compliqué de négocier avec maman. Elle ne voulait pas que j'aille à la montagne chez Pajim. Elle n'avait pas confiance, malgré la présence de mamie Yann.

– Ta grand-mère est amoureuse, elle n'est pas fiable, elle va être distraite.

– Quand on est amoureuse, on est incapable de surveiller une fille de quinze ans ? j'ai demandé.

– Oui. Quand on est amoureuse, on est tête en l'air. Et mamie Yann est absurdement amoureuse.

C'était sans appel. Alors, j'ai sorti la kalachnikov :

– Je comprends que mon père se soit tiré. Car si je saisis bien, c'était lui ou moi, vu que tu étais amoureuse.

J'ai cru que maman allait me dépecer.

– D'où tu sors ça, Violette ?

– C'est toi qui le dis, maman. Tu affirmes qu'une femme amoureuse ne peut pas être une bonne mère.

– Je n'ai pas dit ça, Violette.

– Tu le sous-entends, maman. Tu affirmes que mamie ne pourra pas veiller sur moi parce qu'elle est amoureuse. Donc mon géniteur a bien fait de se tirer. Il valait mieux que tu restes seule et mère plutôt qu'amoureuse et distraite par un vélocipédiste nu, non ?

Elle a contre-attaqué :

– C'est ta Cassandre, cet hybride, qui te prend la tête ?!

– Ce quoi ? j'ai soufflé.

Silence.

– Cette quoi, maman ?

– Pardonne-moi, tu m'as poussée à bout.

– Répète pour voir.

– Tu as très bien compris, Violette, je m'excuse, ça a dépassé mes pensées.

Mon cœur battait à mille à l'heure. Mon sang bouillonnait. Ce n'est pas parce que Cassandre est non binaire, qu'elle ne se sent ni homme ni femme, ou alors les deux, qu'elle doit être stigmatisée. C'est mon ami, ma frangine, mon copain, mon amoureuse, tout. On ne touche pas à Cassandre, c'est tout.

J'ai respiré un grand coup et j'ai pensé à la digitale qui ralentit le cœur, à la montagne, aux arbres, aux animaux menacés, je ne savais rien encore de tout ce qui allait advenir et j'ai soufflé très doucement, avec une voix basse, grave, démoniaque :

– C'est un défaut d'être hybride, mère ?

Ce *mère* a littéralement effrayé maman. Elle a eu un petit cri.

– Ah ! Qu'est-ce que tu dis ? Je... non, ce n'est pas...

– Cassandre a refusé de coucher avec Apollon – et pourtant, il devait être canon. Alors, ce gros macho l'a punie. Il a fait en sorte que ses prédictions ne soient jamais crues. Même par sa famille. Tu imagines, savoir des tas de choses et être prise pour une cinglée par les siens ? Ressentir des tonnes de sentiments et ne pas être entendue par sa communauté ? Comprendre des tas de situations et être prise pour une idiote par le monde entier ?

Maman a bredouillé :

– *Ta* Cassandre n'a rien à voir avec cette mythologie bimillénaire... et...

J'ai gonflé mon cœur de digitale et j'ai rectifié :

– Ce n'est pas *ma* Cassandre. Par contre, toi, tu es *ma* mère, et tu ne me comprends pas. Tu ne comprends que dalle.

J'ai cru que maman allait pleurer.

Et hop, c'était ficelé, le lendemain, nous prenions date pour que j'aille en montagne, à Pla Perré. Avec mamie et Pajim qui ne s'appelait pas encore Pajim. Et Cassandre, qui n'a jamais mis les pieds en montagne et voulait aller voir une ZAD de près.

– Je te préviens, ce n'est pas toujours cool, les ZAD, on ne peut pas toujours se laver, il fait froid, il y a beaucoup de monde et ça parle tout le temps, je lui ai précisé.

On était dans la voiture qui nous emmenait à la montagne. Cassandre n'aime ni la foule ni les assemblées, il est plus du genre geek et il a peur des insectes. Pour aller à Pla Perré, il était en mode *il.*

– Tu sais qu'il va y avoir des usines où des milliards d'insectes, de larves, de mouches, vont être transformés en nourriture pour animaux ou en steak pour les humains ? il a annoncé, dans le genre catastrophe à venir. Faudrait faire quelque chose. Même si j'en ai la trouille, c'est sensible, un insecte.

J'ai failli étouffer.

– J'en ai vraiment marre, j'ai chuchoté. Après la bave d'escargots pour faire des crèmes de jour, on transforme des insectes en steak ? Quand est-ce que ça va s'arrêter, la cruauté humaine envers les animaux ?

J'ai voulu ouvrir la porte de la voiture pour me jeter dehors sur l'autoroute mais Cassandre m'a rattrapée.

– Du calme, il a dit.

– Oui, du calme, a répété mamie. Pas de politique dans la voiture, sinon on va tous être en surchauffe. Cassandre, puisque tu as un don pour voir l'avenir, est-ce que tu pourrais nous annoncer le temps qu'il va faire à Pla Perré ?

– Je prévois surtout les désastres, il a répondu. Et, en ce qui concerne ta préoccupation, je suppose que l'appli météo est sympa pour ça.

– OK, a marmonné mamie qui adore Cassandre et croit en ses super-pouvoirs.

On a poursuivi notre route avec des airs de ce Jimi Hendrix, un truc de fou qui nous a rendus à moitié sourds le reste du chemin.

Mamie a tout de même hurlé entre deux accords stridents :

– Je suis d'accord, il faut s'occuper des êtres sensibles.

Et elle a envoyé un baiser à Cassandre qui l'a regardée d'un air outré, comme si mamie lui avait roulé une pelle.

– Elle est zarbi, ta grand-mère.

– Non, amoureuse.

On a mis nos casques. J'ai adoré que mamie soit de notre côté.

J'ai senti à ce moment-là qu'on formait un genre de famille dans cette voiture pourrie et cette musique de barbares.

Pas parce que mamie revenait à ses premières amours et allait devenir la mamie de la ZAD.

Pas parce que ma frangine-amoureux m'écrasait les doigts dans sa main glaciale.

Mais parce que j'ai croisé le sourire et le regard de ce grand-père dans le rétroviseur.

Et que oui, j'ai les mêmes yeux myosotis que lui.

5

Ça a été hyper long, cette route jusqu'à la montagne de Pajim que je n'appelais pas encore Pajim, et dont je voyais la queue de rat devant moi. Mamie, heureuse, chantonnait en s'extasiant sur tout. Cassandre flippait, il est claustro, il était silencieux. Moi je me suis ennuyée jusqu'à ce qu'on aperçoive les premières montagnes.

Et les arbres.

Là, coup de poing.

Trop beau.

Je n'avais pas de mots pour ces paysages, je me suis aperçue que je manquais de vocabulaire pour beaucoup de choses.

Je veux vivre ici. Je *suis* montagne, j'ai pensé quand on a commencé à grimper et que la bagnole suffoquait dans les côtes.

– Je dois sortir de cette voiture immédiatement, a sifflé Cassandre qui paniquait à cause des précipices. Ce n'est pas une route, c'est une impasse. On va mourir.

– On ne peut pas s'arrêter sinon on ne va jamais pouvoir redémarrer, s'est agacé Pajim.

J'ai ouvert les fenêtres, Cassandre s'est mis dans mes bras, je lui décrivais le paysage, façon analphabète : Ça monte / C'est creux / C'est vert / C'est haut / Il y a de la neige / Un gros oiseau / Un pont / Des arbres.

Ça ne restituait rien de ce que je ressentais. Je ne sais pas nommer les rivières, les sommets, je ne savais pas dire névés, ravins, adret. Je n'allais pas dire précipices, gouffres, barrières de sécurité défoncées et traces de freinage sur le macadam, il aurait vomi dans mes bras.

Quand on est arrivés au refuge de Bernard, il faisait quasiment nuit. C'est à ce moment-là que je lui ai dit que ce serait Pajim ou rien. Ça a été vite réglé. On était crevés, tout le monde voulait aller se coucher, il gelait comme en hiver même si on était censé être début juillet. Bernard était trop fatigué pour tergiverser. Pajim a été accepté.

Première victoire.

– C'est quoi ce temps ? a demandé Cassandre.

Il est maigre, Cassandre, et il a toujours froid.

Moi, j'étais comme folle dans ce paysage. C'était hyper rassurant. Un nid gigantesque. Indéracinable. Une plaine entourée de montagnes dont on ne voit pas le sommet. Un minuscule ruisseau devant le restaurant. Des bruits inconnus. La silhouette d'arbres immenses qui dansent. Et d'autres recroquevillés, émouvants.

– Et si on dormait dehors ? Dans les bois ? j'ai proposé.

– Personne ne dort dehors ce soir, a dit Pajim. On est tous épuisés.

On s'est allongés, Cassandre et moi, dans une chambre horrible, sur deux petits lits qui sentaient la punition, pas de lampe de chevet, ni de chevet d'ailleurs, pas de wifi, pas de réseau, une fenêtre qui fermait mal, un oiseau qui râlait dehors et dans le lointain le rire juvénile de mamie.

– Elle est trop, Yann, s'est étonnée Cassandre qui n'a pas plus de libido qu'une porte de métro.

Ça ne m'empêche pas de l'aimer follement, et de vouloir l'avoir toujours près de moi. Cassandre m'a prédit un avenir d'amoureuse fantastique. Mais pas avec elle. Ni avec lui. Cassandre ne prédit pas que les désastres, loin de là. Mais elle déteste qu'on lui demande son avis sur tout. Non, elle ne sait pas si les œufs sont cuits, s'il y a des embouteillages porte de la Chapelle et si les Bleus vont gagner la coupe du monde. Mamie affirme que Cassandre ne prédit pas grand-chose d'utile.

Si, la disparition des espèces, je rétorque.

Un moment, j'ai entrouvert la fenêtre, Cassandre dormait en boule sous quatre vieilles couvertures piquantes, j'ai écouté la nuit.

Je n'avais jamais écouté la nuit.

Il y avait tant d'étoiles que mes yeux n'étaient pas assez grands pour les voir toutes. L'air était glacial et je ne sais pas pourquoi c'était si réconfortant. La lune montrait son nez au-delà des sommets. Un arbre chavirait devant moi. C'était sublime. Il y avait le bruit de l'eau tout près et, tout à coup, un cri, un cri poignant, suivi d'un autre tout aussi plaintif. Un dialogue entre deux êtres inconnus de moi, j'étais incapable de dire si c'était un oiseau, un chevreuil ou une grenouille. Je suis restée longtemps, comme pour essayer de me souvenir, de m'imprégner, pour le raconter demain au petit-déjeuner.

Et là, tandis que je tenais mes yeux écarquillés sur cette nature mystérieuse, quelque chose est passé devant moi, au ras du sol, là, tout près de la maison. Un animal, je suppose. Genre chien. Ou belette. Je n'y connais que dalle, à vrai dire, aux belettes. Ni à la nature. J'ai vu une tache claire, blanche, une allure hésitante.

Un frémissement.

Et là, j'ai senti son odeur. Une odeur de terre, de poil, de forêt. J'ai vraiment senti ça. Ça m'a étourdie.

Non, émerveillée.

Quelques instants plus tard, des yeux me fixaient dans la nuit, loin, de l'autre côté du ruisseau.

– Qui es-tu ? j'ai chuchoté, retenant autant que je pouvais ce parfum de forêt.

Nous sommes restés longtemps à nous regarder, l'animal et moi. Cassandre a grogné qu'il se gelait. Alors je suis allée me nicher contre son grand corps maigre que j'ai essayé de réchauffer, mais vu que j'avais les pieds et les mains gelés, c'est lui, une fois de plus, qui m'a apporté sa chaleur.

– Je suis désolée, j'ai soufflé dans son cou de cygne.

Je ne savais pas que je venais de faire ma première rencontre avec Satang.

Et qu'elle traverserait cet été comme une présence bienfaisante.

Me préservant de la violence humaine.

6

Le lendemain, au petit-déjeuner, on a rencontré Léo, un jeune avec des cheveux embrouillés, c'est lui qui garde le refuge en l'absence de Pajim. Quand il est reparti, j'ai demandé si c'était un gars de la ZAD, Pajim n'a pas répondu. Probablement que maman avait donné des consignes. Pas de ZAD. Pas de cabanes. Pas de territoires occupés. De toute façon, Pajim ne parle pas beaucoup à la montagne.

Ça me va.

Je n'ai pas raconté mon épisode de la nuit. Je n'avais pas envie d'avoir l'air stupide à ne rien connaître de la montagne ni de dire que j'avais *humé* un animal. J'ai vite compris que, si je veux *être* montagne, c'est un apprentissage solitaire et discret.

Je n'ai même rien dit à Cassandre tellement j'avais peur qu'elle veuille repartir le premier jour.

Ce matin-là, elle a trouvé Léo sobre et ébouriffé. Pour elle qui cherche à être une chose et son contraire, ça l'a intriguée. Elle s'y est mise tout de suite, à cette vie, même si elle trouve épuisant de devoir allumer le feu, d'aller en haut du ravin pour avoir du réseau, et le froid et l'altitude et l'isolement. Elle s'y est faite. Elle a tressé une natte d'un côté parce que ses longs cheveux noirs la gênent pour tout. Du coup, elle a l'air vraiment sortie d'un film d'aliens avec un côté rasé et une natte de l'autre.

Les premiers jours, on a exploré les alentours du refuge, qui est un petit chalet en bois, en préfabriqué, avec une porte en fer inébranlable, un bâtiment vraiment moche, où peuvent coucher des gens de passage, des randonneurs, des alpinistes, et où on mange toujours la même chose, du boudin parfois, de la viande souvent, du fromage toujours. Si bien que Cassandre et moi on ne mange jamais avec les autres, les animaux on les touche pour les caresser. Les sentir morts et cuits nous fait flipper.

Pajim nous a installé une table rien que pour nous deux sous un tilleul. Ça évite de faire fuir les touristes vu le look zombie de Cassandre. Je n'ai jamais mangé autant de pâtes, de riz et de patates qu'en ce début de juillet. Et des œufs. Pajim a un poulailler avec au moins douze poules qui ont toutes un nom et qu'il faut rentrer chaque soir sinon le renard les mange.

– Je ne les tuerai jamais, m'a assuré Pajim. Elles ne sont pas exploitées. Donc, leurs œufs, tu peux les manger. Ils ne sont pas fécondés, je n'ai pas de coq. Ça ne fera pas de poussins, si tu vois ce que je veux dire.

Je n'y voyais rien du tout, mais j'ai fait genre que je comprenais.

Après, Cassandre m'a tout expliqué, elle sait tant de choses. Ça me gonfle souvent. Son intelligence.

– Tu m'énerves à tout savoir, je lui dis souvent. T'es Google à toi toute seule.

À chaque fois, elle sourit, énigmatique, et répond :

– Je sais, mais toi, tu connais. Enfin, tu connaîtras.

J'ai donc appris que si les poules ne faisaient pas de poussins, c'était encore une histoire de reproduction, de fécondation, de coucheries, ce genre de trucs que je planque loin de moi. Naître, ça produit des machins comme moi qui se demandent pourquoi on est sur Terre. Et comment faire pour y vivre. S'il faut y vivre. Alors, imaginer faire quoi que ce soit qui aurait à voir avec la reproduction, merci.

Mon portable reste dans la chambre, ici. Ça ne me manque pas, j'ai eu beaucoup d'embrouilles en fin d'année avec pas mal de gens, il est bien où il est. Loin. Cassandre est reliée. Ça me suffit.

Au début, elle a pris des photos de tout. La moindre fleur. Un nuage. Une trace au sol. Jamais moi, parce que je ne veux pas. Mais je sais qu'elle m'a photographiée en douce. Moi agrippée à un pin. Perchée dans un chêne. Me hissant contre le tronc d'un hêtre.

C'est sur la photo qu'on l'a repérée, la première fois.

Flash-back : pré des Dames. Cassandre prend un cliché d'un bord de forêt, avec moi en premier plan, pendue aux branches d'un châtaignier. Mais au fond, en tout petit, invisible sur le moment, derrière un rocher, il y a deux oreilles, un museau et un regard inquiet.

On était dingues quand on a vu ça.

– Un renard, a dit Pajim. Ou une renarde.

– Ou les deux, a ajouté Cassandre.

– Si c'est ce que je pense, c'est celle qui traîne dans le coin. Je vous la montrerai. Elle vient chaque soir manger à côté du refuge. Il ne faut le dire à personne, a insisté Pajim. C'est considéré comme une espèce nuisible dans le pays. Elle risquerait d'être abattue.

Abattue ?

Ça faisait déjà une semaine qu'on était là et Pajim ne nous en avait pas parlé.

– Il fallait qu'elle veuille vous rencontrer, il a dit pour se justifier.

Ce soir-là, il nous a emmenées derrière le refuge, au bord de la forêt, et nous a demandé de faire silence.

On a attendu au moins une demi-heure. Et on l'a vue.

Elle hésitait. Minuscule silhouette rousse.

– Ne parlez pas, a dit Pajim.

Il avait posé des restes de boudin.

– Elle vient se nourrir chaque jour, elle a des petits, il chuchotait.

– Comment tu sais qu'elle a des petits ?

– Elle me les a présentés.

– Vraiment ?

– Oui. Ce printemps, elle est venue avec ses quatre renardeaux. Pour me dire qu'elle avait faim. Elle adore le boudin.

Le boudin !? Plus tard, Cassandre me consolera en m'affirmant que ça n'existe pas, un renard végétarien.

N'empêche, je l'ai reconnue, la renarde. Je sais que c'est elle que j'ai vue le premier soir. Avec sa tache blanche au poitrail. Elle n'a pas eu peur, elle m'a observée de l'autre côté du ruisseau. Tu m'as accueillie, j'ai pensé. Saluée.

Pajim restait totalement silencieux.

Cassandre, tétanisée devant la renarde.

Moi, en apnée.

Ce regard animal, cette vulnérabilité, cette présence dans le crépuscule. Une sensation de bascule. D'étrangeté. Un pressentiment, peut-être ?

– Elle a peur, a chuchoté Pajim. Elle hésite à aller manger.

Il a sifflé doucement, très doucement. Elle a tourné la tête vers nous. Il a re-sifflé. Tous nous pensions : Vas-y ! Vas-y ! On ne te fera pas de mal ! Mon cœur était si contracté que j'ai cru qu'il allait imploser. Cassandre était de pierre.

Ce soir-là, une part de mon enfance a commencé à s'effriter.

Mais nous ne le savions pas encore.

Ou, si Cassandre le savait, elle allait devoir apprendre à me le cacher.

7

On a commencé à faire une sorte de cartographie des lieux, explorant tout, la forêt surtout, surtout la forêt. Où allait la renarde ? Où pouvait-elle vivre ? Quels chemins elle empruntait ? On suivait le ruisseau, arpentait les sentiers, disparaissait dans les taillis.

– Vous faites quoi là ?

Ça nous a fait une de ces peurs, cette voix. On s'est relevées d'un bond, les genoux pleins de brindilles et de feuilles mortes. Cassandre était en mode *elle*. Elle avait un short kaki, de grandes jambières rose fluo pour ne pas se faire piquer par les insectes, un tee-shirt jaune et un chapeau en paille et tulle de mamie Yann. Un look de chanteuse de K-pop. Sublime.

– On cherche des champignons, j'ai bafouillé.

– On les photographie, a précisé Cassandre. Pour apprendre à les reconnaître.

Ils étaient deux. Et ne devaient pas savoir que les machines à laver existent depuis deux siècles. Ils étaient franchement crades.

– Faut pas toucher à ça, a averti la fille en désignant un drôle de champignon. Amanite tue-mouche.

– C'est joli pourtant, j'ai répondu. Ça ressemble à une coccinelle inversée.

– Belle pour mieux tuer, a répondu le garçon, un type maigre au regard vert.

– Intéressant, a dit Cassandre. Ça tue vraiment ?

– Non. C'est un champignon basidiomycètes. Plante psychotrope. Toxique. Diarrhées. Vomissements. Pas cool, a conclu le gars.

Ils avaient de gros sacs à dos mais pas comme ceux des touristes. Il y avait des cordes qui pendouillaient.

– Et vous… vous faites quoi ? a osé Cassandre. Alpinistes ?

Ils se sont regardés.

– On surveille la forêt, a dit la fille. On est naturalistes.

Le type s'est présenté :

– Mickael.

La fille a ajouté :

– Mila.

On a hoché la tête. Et dit à notre tour :

– Cassandre.

– Violette.

On a re-hoché la tête.

Les codes ne sont pas les mêmes en montagne qu'en ville, ça on l'a vite compris. On hoche souvent la tête. On fait souvent : Hum. On ne parle pas trop fort. On ne parle pas d'ailleurs. On évite les portables dans la nature, même s'il y a des nuls qui marchent avec leur portable à la main en hurlant : "C'est par là !" Et on se dit toujours bonjour, même à voix basse. On inspecte souvent le ciel. Mais surtout on regarde où on marche. On évite de se perdre. On regarde la météo. On se couche par terre en cas d'orage. On savait tout du b.a. ba, Cassandre et moi.

– Vous venez d'où ? ils ont demandé, méfiants.

– Du chalet, en bas, à Pla Perré, j'ai répondu.

– Il y a des flics là-bas ? a interrogé Mila.

– Des flics ? Non. Pourquoi il y aurait des flics ?

Silence.

– On demande ça comme ça, a répondu Mickael. Des fois, il y en a qui traînent ici ou là. Ou des gardes forestiers. Habillés en vert avec un écusson rouge.

– Ça oui, il y en a au chalet, ils viennent pour le boudin, j'ai précisé.

La fille a suffoqué.

– Le boudin ?

– Ouais, le boudin.

– C'est immonde, a grogné Cassandre.

– Beurk, j'ai ajouté.

– Dégueu, a répondu Mila.

– À vomir, a conclu Mickael.

Un oiseau a chanté, enfin, ce n'était pas vraiment un chant. Un cri plutôt.

– Bec-croisé, a noté Mickael. On repère la faune. Vous savez qu'il y a un projet ici ?

– Un truc horrible, a soufflé Mila. Une scierie géante. Ça va détruire tous les arbres de la forêt.

Le bec-croisé a continué son chant entêtant.

– Il est affolé, a poursuivi Mila. On le dérange. On fait des inventaires d'espèces végétales et animales. Pour constituer un dossier sur les espèces rares afin d'éviter le massacre de la forêt de Bois-Creux.

– Vous êtes au courant ? a demandé Mickael.

– Yé, a fait Cassandre, comme si elle parlait coréen couramment.

– On peut vous aider ? j'ai proposé, comme si le fait d'avoir un géniteur naturiste me rapprochait d'eux, le *al* en moins. Je grimpe aux arbres.

Cassandre a approuvé.

– Un vrai écureuil.

Mila m'a demandé si je faisais de la varappe. J'ai répondu que je n'avais jamais essayé ce truc, mais que les arbres, oui, là je grimpe, même tout en haut.

– Comme un bec-croisé, a affirmé Cassandre qui n'avait jamais vu cet oiseau, mais qui venait de l'entendre en haut d'un pin.

– Et toi, tu sais faire quoi ? a demandé Mickael.

– Elle lit l'avenir, j'ai dit.

Mickael insistait :

– Tu sais faire quoi, Cassandre ?

Ils se sont regardés, une tension entre eux, un je-ne-sais-quoi d'étrange. Cassandre avec ses jambières roses et son short kaki, Mickael et sa tenue dégueu, ça vibrait méchamment. Attraction/répulsion. Cassandre produit ce genre d'effet.

Dans le lointain, un orage s'est mis à gronder.

Silence. Coup de tonnerre. Étincelles.

– Je lis l'avenir, a confirmé Cassandre. Et il n'est pas évident chez vous.

Mickael a souri, moqueur. Le bec-croisé a crié à nouveau et s'est envolé d'un coup. On est restés longtemps à s'observer sans rien dire.

– Vous avez quel âge ? a demandé Mila.

– Bientôt dix-huit, a menti Cassandre.

– Même elle ? a fait Mickael en me détaillant.

Vu ma taille gigantesque et le look de Cassandre, ça pouvait passer. Cassandre a acquiescé un genre de yé indéfini, coréo-forestier. J'ai bafouillé, oui, oui, même moi, en rendant ma voix plus grave comme si j'étais en pleine mue et que demain j'allais avoir cent ans.

Mila, Mickael, regard entre eux, accord tacite.

– Il y a une grosse fête ici, pour le 15 août, a chuchoté Mila, comme si on pouvait nous entendre, là, en pleine forêt. Une procession pour la Vierge qui va jusqu'à la chapelle des Affres. On prépare une action pour sauver Bois-Creux. Un truc énorme. Un méga-rassemblement. On a besoin d'aide. Vous serez encore là ?

Je me suis demandé brièvement ce que ça voulait dire, une *action*. J'ai bien compris, vu le ton qu'elle employait, que ça n'allait pas être un bal trad' ou une omelette géante. Ça sentait je-ne-sais-quoi de mystérieux et d'illégal. De dangereux, dirait maman.

– Non, j'ai répondu. Je ne crois pas que je serai encore là.

A priori, le 15 août je suis à Hendaye avec maman. Ça m'a paru tout à coup chétif et stérile comme projet. La mer. Les pizzas. La plage hurlant d'enfants. L'odeur des produits solaires. Maman et ses livres. La fête basque. Et que des pins fragiles et sans racines.

Tout à coup, un cri rauque nous a fait sursauter.

– Chevreuil, a dit Mila.

Mila doit connaître la renarde, j'ai pensé.

– On sera là, a dit Cassandre, d'une voix définitive. On est là tout l'été.

Cassandre, si sûre d'elle.

Je ne sais pourquoi j'ai adoré l'idée d'être avec eux le 15 août.

– Et si vous avez besoin d'un coup de main pour faire des tags ou des graffitis, je suis une spécialiste, a précisé Cassandre. C'est quoi dans vos sacs ? Des bombes acryliques Flame Blue ou du Montana ?

Mickael et Mila ont frémi. Mickael ne souriait plus.

– Comment… tu sais ce qu'on a dans nos sacs ? a balbutié Mila.

– Elle sait, j'ai murmuré.

J'avais raison. Ce n'était pas un bal trad' ni une omelette familiale qui se préparait.

Le lendemain, on était avec eux dans la forêt.

À repérer où mettre des panneaux dans les arbres.

Pour sauver Bois-Creux.

Scs arbrcs ct scs habitants.

On dit “biodiversité”, corrigera Cassandre.

8

J'étais en panique totale. Agrippée à une falaise. Avec des cordes partout. C'était bruyant, pénible. Et ce n'est pas parce que je grimpe aux arbres que je n'ai pas la trouille si je vais très haut.

– Tu ne tomberas pas ! s'époumonait Cassandre.

Je voudrais t'y voir, je pensais, m'agrippant comme je pouvais. Moi, tout en haut. Lui, en bas. Des pierres dégringolaient de partout.

– Tu ne tomberas pas !

Il a fallu que j'apprenne à mettre une corde pour descendre en rappel, Mickael et Mila l'ont exigé. Cinq jours d'apprentissage sur une paroi au pied de la montagne.

– C'est grandiose ! s'extasiait Cassandre.

Pour l'occasion, il avait mis un treillis de Pajim, des godasses oubliées par un randonneur, et un short bleu pétrole avec des poches orange. Il filmait.

– Tu vas toucher les cieux, Violette !

Initiation à la descente en rappel au cas où les arbres seraient trop hauts et trop cassants. C'est pénible, le rappel. Pour monter tu te retrouves avec un matos qui pèse et qui pendouille. Une sangle qui serre tes cuisses. Un mousqueton qui fait du bruit. C'est moche.

– Non, tu es plutôt sexy, m'a susurré Cassandre.

Sexy ?

– Oui, ça t'augmente.

Cassandre aimerait être un cyborg. Greffé. En extension. Prothésé.

– Tu l'es déjà un peu, j'ai répondu. Avec tes prédictions.

Le rappel, c'est vrai que c'est chouette pour la descente. Ça évite de se casser la figure, surtout que j'ai des grands pieds.

Pas grands, corrige Cassandre, *immenses*, des pieds de géante. Tu iras au bout des mondes.

La varappe, c'est nul quand on a de grands pieds, vaut mieux être minuscule et faire du 32. Mon 41 m'encombrait. Pour les arbres, c'est génial d'être nu-pieds, les orteils se recroquevillent comme une serre, ils s'enroulent autour des branches.

– Je suis koala, j'ai râlé, je n'ai pas besoin de rappel ni de chaussures.

– On va faire de la falaise, répétait Mickael. Avec des chaussures de varappe.

Ce mec est psychorigide.

– Un crack en escalade, m'a soufflé Mila. Tu as de la chance que ce soit lui qui t'apprenne. C'est un pro.

Ce que Pajim a confirmé. Il a confiance en eux, du coup, mamie Yann aussi. Pour les rassurer, Cassandre montre des photos de moi. On me voit de dessous, gros plan sur mes fesses boudinées dans le baudrier, comme si j'allais déféquer.

– Pourquoi tu leur montres ça ? C'est obscène.

– Pour qu'ils croient qu'on fait vraiment un stage d'escalade, alors qu'on va faire un truc de ouf.

– Qu'est-ce qu'on va faire ? j'ai demandé.

Cassandre, mystérieux. Agaçant, à savoir et ne pas dire.

– La guerre.

Stupeur.

– La guerre ?

J'ai cru étouffer.

Ça m'a terrorisée. Je n'ai pas osé demander si on allait la gagner.

Je ne sais pas si Pajim est au courant pour le 15 août. Il ne nous a plus jamais parlé de la ZAD, même si je suis certaine que mamie adorerait y aller. C'est comme ça ici : plus tu demandes, moins tu as. Faut se taire. Laisser venir.

Comme pour la renarde. On va la voir chaque soir manger son boudin. Elle nous reconnaît. Et mange ses restes comme si on n'était pas là.

Pajim m'a contredite :

– Elle sait qu'on est là, Violette, et c'est pour ça qu'elle est tranquille.

Cassandre semblait d'accord. La renarde ne nous amenait pas ses petits.

– Pas encore, soufflait Cassandre.

Patience. Tout son être de renarde semble douceur. Son allure. Ses poils. Son regard.

– Satang, a chuchoté Cassandre. Ça veut dire "douceur" en coréen. Ce serait joli, Satang, pour elle.

Mamie s'est offusquée lorsqu'on lui a confié qu'on avait donné à la renarde un nom coréen et ce que signifiait Satang.

– Les Coréens ne sont pas que douceur !

Et elle a commencé à nous raconter toute l'histoire de la Corée. On l'a vite interrompue en lui faisant écouter de la pop coréenne. C'est si doux. Ça lui a plu, à mamie, la K-pop.

Et Satang a été adopté comme prénom.

Pajim m'a prévenue, lorsqu'il m'a vue grimper aux arbres :

– Il faut ménager les arbres fruitiers, Violette. Ils ont un gros travail à faire. Fleurs, fruits… ils sont fragiles, leurs branches cassent facilement.

Il m'a aussi appris que les plantes parlent entre elles. Les arbres. Par les racines, les odeurs. Ça, ça m'a estomaquée. Elles se préviennent de l'arrivée d'insectes malfaisants, par exemple. Elles émettent un parfum pour les faire fuir. Elles s'encouragent à grandir. Depuis que je sais que les arbres ont un langage, je grimpe avec attention. Ne pas les blesser. Ne pas interrompre leurs conversations. Les écouter. Et je leur parle. Je leur explique que je grimpe sur eux pour les sauver. Je me fais légère. Papillon.

Mickael et Mila exigent que je grimpe avec tout le barda dès que l'arbre dépasse trois mètres. Ma mission : repérer et commencer à mettre le système d'accrochage des panneaux pour le 15 août. Avec des dispositifs invisibles. Le moment venu, on aura juste à installer les panneaux de protestation contre l'abattage de la forêt.

– La contre-procession aux Affres, dit Cassandre, comme habité par une vision céleste.

– Une manif grandiose ! affirme Mickael.

Car ce qui se prépare, c'est ça : une contre-procession pour attirer l'attention sur les centaines d'hectares qui risquent d'être rasés pour la méga-scierie qui va polluer toute la vallée et détruire le paysage. La veille de l'*action*, on ira installer les panneaux tout autour du site, sur lesquels il y aura des slogans. Nous, Mickael et moi, on s'occupe de la zone sud. Il y a un groupe sur la zone nord, un autre sur la zone est et un dernier à l'ouest.

– Ce sont des commandos, affirme Cassandre. Commando sud. Commando est. Commando…

– Ça va, j'ai pigé, j'ai conclu.

Cassandre, toujours à l'affût de l'exceptionnel. Il adore être ici. En mode guerrier. Moi, non. Je fais attention à ne blesser personne. Surtout pas les arbres. Pour les panneaux, il n'y aura pas de clous ni de vis. Juste de la ficelle. J'ai appris à faire des nœuds qui tiennent bien. Indestructibles. Des nœuds marins. Pour l'instant, j'ai installé trois systèmes. Mais il y en aura partout. Au moins cent. Et si haut que, pour les descendre, il faudra au moins trois jours. Sur les panneaux, des textes qui claquent :

Ici Chêne. J'ai le droit de vivre.

Nid de hibou. Ne pas toucher.

Habitat millénaire. Respecte-moi.

Une terre sans arbres, c'est un corps sans âme.

Halte à la destruction des hêtres sensibles.

Cassandre, qui n'a pas que des dons de prévisions mais qui tague royalement, a proposé d'installer un atelier de peinture derrière le chalet pour faire les panneaux.

Mickael l'a refroidi.

– Impossible. On va te repérer. Trop de touristes. De gardes forestiers. De flics. Si tu veux peindre, il faut venir à Bois-Creux. Là où on vit toutes et tous.

Là où tout se passe. La ZAD.

Nous allions donc découvrir la ZAD.

– Génial, a chuchoté Cassandre, d'un air que j'ai trouvé sauvage.

C'est la forêt, j'ai pensé. Ça le rend primitif.

Le soir, devant son boudin, il m'a semblé que Satang a tourné son regard vers nous.

Elle souriait.

Maman m'a manqué terriblement.

9

Le soir, nous nous retrouvions sagement au chalet, l'air de rien, comme si on avait cueilli des fleurs toute la journée en faisant un peu de varappe. Mais mamie Yann commençait à trouver qu'il prenait vraiment beaucoup de temps, ce stage.

– Il se passe où, ce stage d'escalade ? Et pourquoi ne paie-t-on rien ?

Elle semblait se douter de quelque chose.

– C'est un stage communal, gratuit pour les touristes, a affirmé Cassandre, jamais à court d'idées.

– Ça suffit, Cassandre, a explosé mamie. Je vois bien qu'il n'y a que des photos de Violette sur les rochers. Il n'y a que ses genoux et ses coudes qui sont blessés. Elle se muscle à vue d'œil alors que tu es toujours aussi maigrelette.

– Maigrelet, il a rectifié, revendiquant sa silhouette longiligne.

– Maigrelet, a fait mamie. C'est quoi ce stage ? Jimi ? Tu connais les moniteurs ?

Le restaurant était plein de monde, il y avait une tablée entière de gardes verts avec leur écusson rouge, ça sentait le boudin, je me suis sentie mal. J'ai proposé qu'on discute dehors. Pajim a accepté. Après le service.

Ça nous a laissé le temps d'échanger avec Cassandre.

– Pourquoi tu mens, Cassandre ? je lui ai demandé, mal à l'aise.

– Rien ne doit nous empêcher d'aller à Bois-Creux faire les panneaux. Si on dit à tes grands-parents qu'on prépare la guerre, ils ne voudront jamais.

– On ne prépare pas la guerre, Cassandre.

Quelque chose grouillait en moi, indéfinissable. Pénible.

– On prépare la contre-procession du 15 août, Violette. Ce qu'on va faire, c'est une action non-violente, j'ai lu des trucs là-dessus. C'est une guerre, mais douce.

– Ça n'existe pas, une guerre douce, Cassandre. Et moi, je veux juste grimper dans les arbres, et mettre des panneaux, OK ?

– Tu connais Gandhi, Violette ?

Évidemment que je voyais qui est ce mec rasé en robe blanche, quel rapport avec Bois-Creux ? Je me sentais de plus en plus mal.

– C'est une guerre cosmique. Inévitable, il a continué. Ça y est. On y est. Le monde a besoin de nous. De notre résistance, Violette. De nos forces jeunes et inventives. De notre innocence. De notre clarté. Je veux taguer les panneaux, alors on va dire que demain, on est invités à un atelier de peinture avec Mickael et Mila, à Bois-Creux.

– Un atelier communal et gratuit ? j'ai ironisé. Je ne veux plus mentir, Cassandre.

J'avais si froid tout à coup.

– Je mentirai pour deux, alors, il a chuchoté.

Je me sentais au bord de la nausée, l'estomac en vrac, le cœur saillant, pourtant ça ne sentait pas le boudin.

– Je ne veux pas faire la guerre, tu comprends, Cassandre ? j'ai presque crié.

Il s'est tourné vers moi avec ce truc dans les yeux, comme si j'étais de verre et qu'il voyait à travers moi, loin, loin.

– Tu es vraiment heureuse dans ce monde que nous détruisons ? Tu sais combien d'espèces animales ont disparu ? Celles qui restent seront bientôt accusées de nous contaminer. Ce monde prêt à flinguer Satang juste parce qu'elle est renarde ? Ce monde qui met le feu à des terres entières, déforeste, appauvrit, un monde qui inonde des villes, ravage des pays, massacre des millions d'animaux chaque seconde, qui…

– Tais-toi.

J'ai eu à nouveau envie de mourir d'un coup.

– Tais-toi !

J'étais pétrifiée d'angoisses. Je veux mourir. Et Cassandre ne peut plus me protéger. Cassandre m'angoisse. C'était la première fois…

– Violette…

– Tais-toi.

La première fois qu'on se disputait.

La porte du refuge s'est ouverte, la porte en fer a fait un bruit affreux, un crissement qui m'a fait sursauter. Quelqu'un s'est approché. Un garde forestier.

– Alors, les tourtereaux, ça vous plaît la montagne ?

Il sentait l'alcool. Dans le restaurant, des gens chantaient. Le rire de mamie.

Je me suis enfuie, vite, loin.

D'un coup.

– Violette ! a crié Cassandre mais il n'a pas osé me suivre.

Je suis allée de l'autre côté du ruisseau. Ne pas se retourner. Disparaître. Retrouver les bois. Mourir. J'ai vu Cassandre hésiter, aller et venir, puis disparaître dans la chambre. Il a trop peur de la nuit, il ne viendra pas. Cette pensée m'a réjouie et anéantie. Il y a des endroits où Cassandre ne peut pas m'aider. Ça a ouvert un champ de liberté et d'effroi. Seule, sans Cassandre ? Plutôt s'effacer.

J'ai traversé le ruisseau sans même sentir la morsure de l'eau glacée. Une chouette a ululé. Pourquoi son chant était-il aussi lugubre ce soir ? Jamais je ne m'étais sentie aussi seule. La montagne est devenue sombre, pesante, étouffante. Pas de lune. Des arbres menaçants. J'avais les doigts engourdis. La gorge sèche. Quelque chose se passait qui m'échappait complètement. C'est trop lourd, j'ai pensé. Ça va m'avaler. M'étouffer. Tous mes os me faisaient mal. Maman ! Je me suis mise à trembler. Je meurs. Appeler au secours. Je titubais. Crier. Mais je n'y arrivais pas. Ma tête tournait. Je suis tombée dans l'eau. J'ai essayé d'activer mon cœur de digitale, mais ça ne marchait pas. Je me suis relevée péniblement, le ruisseau, le retraverser, retourner au chalet mais j'ai glissé sur une pierre, l'eau glacée, mes mains écorchées. Au secours, Cassandre !

Vomir.
Nuit noire.

J'ai dû avoir un genre de malaise parce que lorsque j'ai rouvert les yeux, les pieds dans l'eau, les gens quittaient le restaurant, j'étais trempée mais vivante, un mal de tête phénoménal, ma vue brouillée, j'entendais Cassandre m'appeler, s'époumoner, je n'arrivais pas à dire un mot, me lever, courir, mais mes forces étaient si faibles, et tout à coup un bruit dans le ruisseau, j'avais froid, un genre de ronronnement tout proche, des pas dans l'eau, je ne veux pas mourir, c'est ce que je me disais à moi-même, et ce moi-même avait des yeux brillants, de petites oreilles fines, une tache claire sur le poitrail et une odeur de forêt. Satang ? Elle me regarde et se dirige vers le refuge, je suis à genoux dans l'eau, elle se retourne, elle fait un mouvement de tête, son museau fin est comme le nord d'une boussole, je me relève, elle marche d'un pas léger, je trébuche, elle me regarde, attend, ses yeux vifs sont ce que j'ai vu de plus beau au monde, je m'approche d'elle en silence, et lorsque j'ai fini de traverser le ruisseau, elle me laisse là, tout mon être a mille ans de plus.

Je commence à être montagne, je balbutie.

Satang, disparue.

Cassandre. Ses bras. Ma fièvre. Mamie en larmes. SOS médecins.

Insolation.

Jamais plus je ne dirai que j'ai envie de mourir.

C'est ce que m'a offert Satang ce soir-là.

L'envie de vivre en ce monde.

Même si le prix à payer allait être lourd.

10

Je me dis que tout aurait dû s'arrêter ce soir-là, avec le cadeau de Satang, la rivière, les cris de Cassandre, la nuit noire, la vie aurait repris son chemin, chaotique et merdique.

Mais non, il a fallu que rien ne s'arrête.

Rien.

Mila et Mickael, convoqués au chalet. Pajim, fou de rage.

– Vous êtes malades. Elles sont mineures ! il a hurlé.

– Mineures ? a fait Mila.

– Vous embarquez des gosses dans une insurrection ?

Pajim était rouge violacé. Mamie Yann, au bord de l'apoplexie.

– Ce n'est pas une insurrection. Juste une *action*, a bredouillé Mickael.

– Une contre-procession, a ajouté Cassandre.

– Toi, tais-toi, a râlé mamie Yann, tais-toi, Cassandre, sinon je te mets dans le premier train pour Paris, mineur ou non. Elle a ajouté : Un chapeau ? Ç'aurait été trop vous demander de lui mettre un chapeau à ma Violette ? Ça lui aurait évité de prendre une insolation !

– Cassandre nous a affirmé qu'elle avait dix-huit ans, s'est défendue Mila.

– Et Violette ? Elle a trente-cinq ans ? a ironisé mamie. Ça ne se voit pas que c'est une gamine ?

Je ne suis pas une gamine, j'ai essayé de dire. Mais aucun son ne sortait. Il faut préciser que j'étais affalée dans un gros fauteuil, fiévreuse, avec de la glace sur la tête, un sourire idiot accroché aux lèvres, une camomille brûlante à boire, l'œil vitreux, une couette sur les genoux et un mal de gorge épouvantable.

– Tu as demandé à Violette de grimper en haut des arbres pour mettre tes foutus slogans politiques ? a éructé Pajim.

– C'était l'idée, a soufflé Mila.

– Tu veux qu'elle se retrouve chez les flics ?

Pajim était hors de lui.

– Aucune raison qu'elle aille chez les flics, surtout si elle est mineure, a rétorqué Mickael.

J'ai cru que Pajim allait le broyer. Cassandre s'est interposé en agitant ses grands bras de tégénaire. Mamie a hurlé un tonitruant :

– On se calme ! Pause !

Mamie n'élève jamais la voix mais lorsqu'elle s'y met, ça percute.

– Ça suffit ! elle a crié. Silence !

Même le vent s'est arrêté. Tout le monde s'est tu.

Un chat. Pourquoi Pajim n'a pas de chat ? J'adorerais avoir un chat sur les genoux en ce moment. Un petit animal paisible et muet. Ou une renarde. Je divaguais.

– Elle aurait pu se tuer dans les arbres, a suffoqué mamie.

– Moi près d'elle, il ne peut rien lui arriver, a affirmé Mickael.

Pajim, poings serrés :

– Et le 15 août ? Pendant ta manif ? Tu aurais été près d'elle ?

– Pourquoi il n'y a pas de chat dans la maison ? j'ai marmonné.

– Violette a quelque chose à dire, s'est réjouie mamie.

– Un chat ? Pourquoi il n'y a pas de chat dans la maison ? j'ai articulé mollement.

– Elle délire, a conclu mamie.

– Non, elle a besoin d'un chat, a traduit Cassandre, elle aimerait un chat. Ou un animal.

– Le médecin a vraiment diagnostiqué une insolation ? a demandé Mila.

– Absolument, a répondu mamie.

– Il est nul ce toubib, a ajouté Mickael.

J'essayais de dire qu'il était absurde qu'ils s'énervent, que Satang veillerait sur moi, à la cime d'un arbre ou dans l'eau, mais mes mots étaient un mâchouillis inaudible.

– Satang !

Je me suis redressée, hallucinée, et suis retombée dans mon fauteuil comme un mollusque que je ne suis malheureusement pas.

– Elle a vraiment de la fièvre, s'est inquiétée mamie.

– Mais non, Satang, c'est...

Cassandre essayait de parler mais Pajim l'a interrompu.

– Une bonne fois pour toutes, Cassandre, tais-toi. Tu mens, alors tais-toi !

Un truc bleu volait à travers la pièce, je ne distinguais pas vraiment ce que c'était. Une fleur. Une gentiane, je crois, mais celle-ci était grande, interminable, avec une tige sinueuse. Une pervenche. Je la suivais des yeux et quand j'ai voulu l'attraper, elle s'est volatilisée. Une centaurée peut-être. C'est fou ce que j'ai acquis comme vocabulaire avec les naturalistes.

– Qu'est-ce qu'elle regarde ? a demandé Pajim en se tordant le cou en tous sens pour essayer de repérer ce que j'étais seule à voir.

Cassandre ne répondait plus rien.

– Elle n'a pas touché d'amanite tue-mouche ? Cassandre, vous n'avez pas ramassé d'amanites tue-mouche ? s'est inquiétée Mila, affolée.

Cassandre, emmitouflé dans un grand silence glacé.

– C'est quoi cette histoire d'amanite… tue-mouche ?! a balbutié Pajim.

Mamie livide, criant avec la voix d'une chouette hulotte :

– Mon Dieu ! Cassandre ! Réponds !

– On les a prises en photo. C'est tout. En ce moment Violette voit des fleurs. Rien de grave. Elle est juste fatiguée. Elle a pris chaud.

– Et froid, a rectifié mamie. Je te signale qu'on l'a retrouvée trempée. Elle a failli se noyer dans le ruisseau.

Comment les rassembler, les rassurer ?

– Satang m'a sauvée, j'ai soufflé. Elle était là, près de moi. Elle m'a sauvée.

– C'est quoi Satang ? a demandé mamie, décidément hostile au coréen.

– La renarde, a essayé d'expliquer Cassandre. Tu sais bien…

Pajim, fou de rage :

– Des stages communaux gratuits, des champignons mortels et maintenant ton coréen abscons ? Tais-toi, Cassandre. Une bonne fois pour toutes, ferme-la.

– Vous ne pouvez pas parler à Cassandre de cette façon. Il n'y est pour rien et il est mineur, s'est insurgée Mila. Mickael et moi sommes peut-être responsables, mais de quoi d'ailleurs. Du soleil ? Du ruisseau ? D'avoir formé Violette à l'escalade ? Jusque-là tout va bien, OK ? Si tu veux nous dénoncer, Jimi, vas-y, appelle les flics, dénonce-nous. Pas de souci. Les camarades apprécieront. Dénonce notre action, fais-nous mettre en garde à vue, Mickael et moi. Ça ne sera pas la première fois qu'on passera une nuit au poste. Et pendant que tu y es, mets en route la première tractopelle qui détruira Bois-Creux.

Gros silence.

On ne peut pas dire que des anges volaient. Moi je voyais plutôt des pipistrelles ou des chevêches. Je ne sais pas ce que regardaient les autres. Ils avaient tous le nez au sol, l'air renfrognés. J'aimerais voir un loup, j'ai pensé. Il paraît qu'il y a des loups, ici, non ? J'ai hurlé d'une voix de chaton asthmatique :

– Pajim !

– Oui, ma Violette ?

– Je veux grimper aux arbres. Je veux sauver la forêt. Je le veux.

Mamie Yann a soupiré.

– Elle tient de moi, on n'y peut rien.

– Des loups, Pajim, tu m'emmèneras entendre des loups ? j'ai bredouillé.

Mamie, éberluée :

– Il faut rappeler le médecin, elle délire.

Pajim a désigné Mickael.

– C'est lui le spécialiste des loups, moi je n'en ai jamais vu.

– Tu sais bien que c'est comme la panthère des neiges, invisible, a précisé Mickael. De toute façon, il n'y en a pas dans le vallon.

Alors, Cassandre, dans sa grande beauté, a dit de cette voix inimitable qui, lorsqu'on l'entend, fait froid dans le dos et chaud dans le cœur :

– Le 8 août, au-dessus du pré Perré, Violette entendra un loup.

– En attendant, loup ou pas loup, le stage de varappe, c'est fini pour vous, a lâché mamie.

D'autres que moi allaient mettre les panneaux dans les arbres.

Nous étions exclus du commando sud.

Et, à moins d'un miracle, nous ne participerions pas à l'*action* du 15 août.

Mais les miracles existent en forêt.

11

Août. L'épisode de l'insolation était presque oublié. Mais je ne pouvais plus me déplacer sans un truc horrible sur la tête sur lequel était écrite en gros une marque d'apéritif de vieux.

Un bob de Pajim.

– Tu résistes à tout, disait Cassandre.

Tout allait presque bien.

Sauf qu'un tremblement de terre a secoué la vallée.

Maman.

Arrivée sans prévenir début août, et folle de rage. Contre Cassandre et moi. Et contre Pajim et mamie.

– Tu tiens vraiment à emmener ma fille, ta petite-fille, dans un lieu de rébellion ?

C'est-à-dire que, peu à peu, nous étions retournées dans la forêt. Avec mamie, bien sûr. Et maman l'a vite compris.

– La forêt est à tout le monde, Alice, ce n'est pas illégal de s'y promener, a déclaré mamie.

– Tu te moques de moi ? La forêt de Bois-Creux est bourrée d'activistes, de militants, peut-être certains qui sont armés, de jeunes paumés, de voyous, a aboyé maman.

Je ne sais pas vraiment ce que ça veut dire, *activistes*, je n'ai pas osé le demander, c'était soir de fermeture du restaurant et ouverture des hostilités. Bois-Creux faisant la une des journaux, maman voulait s'assurer que nous étions à l'abri, Cassandre et moi. Elle a débarqué comme une fleur au chalet. Et a trouvé Cassandre en train de taguer *La Digitale : Cantine*, sur un support de bois. Moi, sa fille, dessinant un plan précis de la forêt avec indication GPS des panneaux tagués. Mamie mettant à jour la liste des contacts des journalistes. Et Pajim élaborant des repas pour deux cents personnes. De quoi la faire paniquer.

Pajim a tenté de dire que maman exagérait. Que ces jeunes n'étaient pas armés, où avait-elle lu une bêtise pareille ?

Maman s'est tournée vers lui, pleine de fiel :

– Tu ne me parles pas, je ne te connais pas, je ne sais pas qui tu es, ni ce que tu as fait de ta vie et ça ne m'intéresse pas. Et, broyant mamie du regard, elle a ajouté : Si ça se trouve, il l'a passée en prison, sa vie. Cet homme, ce Bernard, on ne sait pas d'où il sort.

– Il s'appelle Jimi, a précisé mamie.

– Pajim, a corrigé Cassandre.

– Je m'en moque, a éructé maman. Qui sait, ce n'est peut-être même pas mon père. C'est un intrus, ce type, un…

– Un hybride, peut-être ? ai-je tenté.

– Pourquoi parles-tu d'hybride ? a chuchoté Cassandre.

Maman, furieuse. Et là, je me dis qu'elle va me gifler. Nous gifler. Tous. Elle ne l'a jamais fait, mais je sens qu'elle pète un câble. Elle a des yeux exorbités.

– Vous êtes devenus fous, totalement fous. Une ZAD, ce n'est pas un camp de vacances. Ni une cousinade. C'est dangereux. C'est de la lutte politique. Ce n'est pas un endroit pour des enfants ! Vous êtes malades !

Je ne suis plus une enfant. Quant à Cassandre, elle ne l'a jamais été, j'ai pensé ou dit, mais personne n'a relevé.

Mamie s'est emballée, qu'est-ce que maman connaissait des ZAD ? Elle n'y avait jamais mis les pieds.

Maman, enragée :

– Tu n'as pas à y emmener Violette et son copain !

Cassandre respirant de plus en plus mal.

– Ou sa copine, comme vous voulez. Violette : c'est ma fille. Ta petite-fille. Une adolescente. Une mineure. Pas une *activiste*. J'ai bien compris que tu fréquentes ces lieux et ça te regarde. Mais que tu y emmènes Violette, ça c'est… c'est…

Maman, effondrée, en perdait ses mots. Ça me perçait le cœur, je ne l'avais jamais vue comme ça.

– Maman, franchement, une ZAD, c'est moins dangereux que de faire du vélo à Paris. En Bretagne, il ne nous est rien arrivé dans la ZAD, sinon des amis. Je…

Maman a sursauté et, tout en fusillant mamie du regard, elle a murmuré :

– Parce que tu es allée en Bretagne dans une ZAD, Violette ?

Sa voix était éraillée. Casse-noix moucheté, j'ai pensé. Mamie était de couleurs mouvantes, rouge, orange, violette. Un arc-en-ciel. Cassandre suffoquait, au bord de la crise d'asthme. Elle hait les conflits. Les voix menaçantes. Les cris.

– Violette, a repris maman d'une voix professorale, effrayante, je suis très heureuse que tu t'intéresses à l'état du monde, à l'environnement, à ton avenir…

Elle mentait.

– … à la biodiversité, je l'ai interrompue, presque fièrement, voulant faire super bonne élève de SVT.

Pourquoi ne nous parlons-nous jamais *vraiment*, avec maman ? J'essaye toujours d'être à la hauteur avec elle, du coup je ne suis jamais vraiment moi.

– Je *suis* forêt, maman.

Mon aveu était audacieux, presque douloureux.

– Si tu veux. Elle était exaspérée. Pourquoi pas, ce n'est pas la question. Tu es bien ce que tu veux, mais tu n'as rien à faire dans ces endroits. Rien. C'est surréaliste que ta grand-mère t'emmène dans une ZAD.

Elle a fusillé mamie du regard.

– Tu es dingue. Irresponsable.

Tout mon être s'est glacé. Ma mère et ma grand-mère m'ont toujours paru soudées comme écorce et tronc. Là, tout explosait en plein vol. J'ai commencé à trembler. Alors, Cassandre a glissé sa main de graminée dans la mienne. Respirer à nouveau.

– Alice, il y a des gens formidables et très sérieux dans ces endroits de résistances, a précisé mamie. Des paysans, par exemple.

– Des scientifiques, a tenté Pajim.

– Des naturalistes, a chuchoté Cassandre.

– Mais il n'y a pas de naturistes, j'ai gargouillé mollement, espérant que mon humour allait détendre l'atmosphère.

Cela n'a pas fait sourire maman. Au contraire. Elle s'est affaissée d'un coup, comme si le rappel de ma conception évoquait en elle un chagrin infini. Elle m'a regardée d'un air absent, comme si nous allions nous quitter pour toujours.

Et là, mon torse explose, je sens ma mère s'éloigner de moi derrière un nuage gris, présence imperceptible, elle s'efface, je suis pétrifiée, l'embrasser, pardon pardon, elle se liquéfie, se dissout, maman !

– Aïe, chuchote Cassandre dont je brise la main.

Je ne sais pourquoi j'ai pensé à Satang et ses renardeaux.

– Je la croyais en sécurité, ici, à la montagne. Je vous la laisse, je m'ennuie, seule, à la mer, parce que sans elle la vie est si terne…

Maman, comme à bout de souffle.

Tout se brise en moi en entendant ces mots. Maman… Mais je ne dis rien.

– Violette me dit qu'elle adore être en forêt, elle fait de l'escalade, de la peinture, des randos, elle apprend la flore, la faune… Et vous l'embrigadez…

Maman, perdue, frêle tout à coup.

Maman ! j'ai appris à faire de l'escalade, de la peinture, des randos, et je sais aussi faire des nœuds de marine, maman… Mais je ne dis rien. Je veux raconter Satang qui m'a sauvée, Satang qui m'a donné envie de vivre, Satang qui me hurle en ce moment précis de prendre ma mère dans mes bras, là, devant tout le monde, ce que je n'ose faire.

– Elle n'a pas eu de père, et il faut que ce soit sur un grand-père comme toi qu'elle tombe, dit-elle à Pajim. Quelle imposture. Pourquoi es-tu revenu ? Tu es un monstre !

Elle sort en claquant la porte de fer du refuge. Ça résonne comme si on était dans un clocher, nous laissant dans un silence de mort.

Pajim ratatiné, prêt à pleurer.

– J'y vais, dit subitement mamie. Ça va aller, ne vous inquiétez pas.

Je réalise, comme Pajim peut-être, que oui, l'absence d'un père, ça peut fracasser. Je suis un éboulis, comme lui, un pierrier, un amoncellement de roches éclatées.

Cassandre, les yeux mi-clos comme si elle avait le soleil en pleine face.

– Qui est ton géniteur ? me demande Pajim tout à trac.

– Un militant vélocipédiste espagnol que maman a rencontré pendant la manifestation cyclo nudiste de 2008. Je ne l'ai jamais connu. Ni lui, ni aucun père.

Ce presque grand-père chêne ressemble maintenant à une brindille. Une souche abattue.

C'est-à-dire que depuis l'épisode de l'insolation, Pajim et mamie avaient rejoint l'*action* du 15 août. La contre-procession. La manifestation pour défendre Bois-Creux. Et les oiseaux. Les renards. Les cerfs. Les fougères. Les cèpes. Tout, quoi. Je n'aurais jamais imaginé qu'autant de gens aient envie de défendre la nature. Je ne sais pas pourquoi, mais ça m'avait rendue tellement heureuse, cette fin juillet. Dans mon monde à moi, au lycée, on ne s'occupe pas de ça. On fait attention à son look, faut être maigrissime, se faire remarquer par ses potes de n'importe quelle façon et être en mode silencieux pour les profs. Plus on est impitoyable et cruel, plus on est aimé et craint. Il y a des horreurs avec les réseaux sociaux, on y est tous accros depuis le berceau, il faut réussir sa vie alors que l'avenir est pourri, nos parents sont affolés et sous anxiolytiques, nous sous Ritaline à la première occasion. Ce monde-là, il ne me va pas, il est brut, méchant, glauque. Ici, je réapprenais la joie, la solidarité, la confiance. Comment expliquer tout ça à maman ?

Mamie, dehors, discutant avec elle. Éclats de voix. Pleurs.

Dans le lointain, comme un ululement particulier.

– Un hibou ? je demande à Pajim.

– Non, répond-il.

– Satang ?

– Non. Je ne sais pas.

C'est déchirant, ce cri. La montagne hurle. Tout le vallon hurle.

Cassandre irradiée de beauté sauvage.

Tendue, aux aguets.

Tournée vers la pénombre.

12

Il y avait donc eu un énorme retournement de situation après l'insolation. Mamie s'était vraiment mise à fréquenter Bois-Creux. Elle y avait retrouvé Mickael et Mila. Et d'autres. Au début, c'était pour *voir*. Se faire une idée, comme elle disait. Elle y avait passé deux jours entiers, sans nous. On avait juste le droit de balancer des cailloux dans la rivière comme des mouflets de dix-huit mois, mon bob sur la tête. Satang devait bien rigoler. Mamie a fini par penser que c'était légitime de défendre cette forêt. Ce paysage. Il y avait d'un côté quelques personnes qui désiraient se faire un max d'argent en exploitant des hectares de forêt, et de l'autre des gens qui n'étaient motivés que par le souci de préserver l'environnement végétal et animal.

Mamie, qui a un sens de l'organisation exceptionnel, vu qu'elle dirigeait des magasins, a vite compris qu'ils étaient débordés à Bois-Creux. Et jeunes. Elle a fini par coordonner les groupes est, sud, nord et ouest, parce que franchement c'était l'embrouille entre eux. Ce que Cassandre appelait les commandos.

Et on a fini par retourner à Bois-Creux avec elle.

– Ils ont besoin de coups de main, elle a décrété, comme si on ne le savait pas. Allez, ouste, au boulot !

En deux jours, mamie connaissait tout le monde et se faisait respecter. On l'appelait Yannou, à Bois-Creux. Je n'osais plus l'appeler mamie. Je crois que j'étais fière d'elle. J'ai même pu recommencer à grimper dans les arbres, même s'il était hors de question que ce soit moi qui installe les panneaux la veille de la contre-procession. Elle est sous ma responsabilité, disait Yannou. Elle ne tombera pas, prédisait Cassandre qui s'est retrouvé dans le groupe communication avec Morgan, un mec doux et roux. Cassandre connaît les réseaux sociaux comme sa poche depuis qu'il a cinq ans et Morgan a adoré sa girouette identitaire. Tout le monde a fini par aduler Cassandre, dont les parents semblaient ravis de le savoir à la montagne.

– Ils vont venir le 15 août, il m'a dit. Je n'ai pas intérêt à rater mes tags.

Moi, je ne pouvais pas vraiment imaginer maman ici.

En un mois, ça avait pris beaucoup d'ampleur, cette histoire de Bois-Creux. Les journaux, les infos, les réseaux, tout le monde en parlait. Il y a eu plus de cinq cents demandes pour venir nous aider le 15 août. Des gens de partout. Picardie. Bretagne. Corse. Mais aussi Allemagne, Norvège, Italie, Israël. Et Espagne.

Là, j'ai flippé.

– Imagine que mon géniteur et maman débarquent, qu'ils se re-rencontrent et que ça fasse comme Pajim et mamie Yann ? Je deviens quoi, moi ?

– Une famille normale, a répondu Cassandre. Tu as de la chance. Tu auras tout connu. Famille monoparentale et galère. Famille patriarcale avec père, mère et grands-parents, galère aussi.

– C'est quoi ta famille à toi, Cassandre ?

Nous étions sous un hêtre, un de ces grands arbres si apaisants. Ses feuilles chuchotaient sur nos têtes. Il m'a regardée d'un air si étrange que j'ai eu peur de sa réponse. Il allait me quitter, partir, s'éloigner. J'ai toujours peur qu'il me laisse là avec ma pauvre pensée, mon manque de connaissance, ma timidité.

Ça a tellement duré, ce silence. J'avais la gorge nouée.

– Je crois que c'est toi, il a fait.

Pour la première fois, j'ai compris que Cassandre et moi, c'était au-delà de tout. Une fraternité cosmique. Ça m'a tellement rassurée. On ne fera jamais l'amour. On ne s'engueulera pas. Et on restera ensemble pour l'éternité.

– Je n'aime pas la famille, je n'ai pu m'empêcher de dire en souriant, alors que j'avais presque envie de chialer.

– Même si c'est moi ? il a fait avec un sourire indéfinissable.

Je l'ai serré si fort dans mes bras que j'ai entendu ses côtes craquer. Jamais je n'avais osé être si audacieuse. Si proche de sa peau fraîche. De son odeur d'été. De son être. Il fallait qu'on soit sous un arbre aimant, entourés d'une communauté affairée à sauver le monde pour oser se parler de cet amour indicible. Le nôtre. Né il y a cent mille ans et nommé là, sous un arbre que nous sauverions de la destruction.

Fin juillet, on a compris qu'on risquait d'être plus de mille pour la contre-procession. Mille, voire deux mille bouches à nourrir, a dit mamie. C'est énorme. C'est là que Pajim a décidé d'aider l'intendance de Bois-Creux à monter une cantine.

– Pas de boudins, j'ai supplié, c'est trop sanguinaire.

– OK, a dit Pajim, on va faire une cantine végane, elle s'appellera : Chez Violette.

– Je préfère La Digitale, j'ai dit, ce serait plus moderne.

– Plus inquiétant, a affirmé Cassandre.

– Plus local, a conclu mamie.

Pajim a fermé son restaurant deux jours par semaine pour préparer l'événement. On a été super heureux fin juillet. Moi dans les arbres. Cassandre devant l'ordi. Mamie entre les quatre points cardinaux. Pajim améliorant ses recettes végétales avec sa bande de cuisinières et cuisiniers. Le plus jeune avait quatorze ans, le plus vieux quatre-vingt-six.

Puis maman est arrivée.

13

Mamie n'avait pas réussi à apaiser maman le soir de son arrivée. Elle s'était couchée, des boules Quies dans les oreilles et un bandeau sur les yeux.

– On ne peut pas empêcher une mère d'être inquiète. C'est dans l'ADN d'une mère, l'inquiétude, a dit mamie.

– Et il y a quoi dans celui d'un père ? j'ai demandé.

On a tous regardé Pajim.

– Je ne sais pas.

Il a baissé la tête.

– Tu as eu d'autres enfants que maman ?

– Non, il a répondu. Enfin, pas que je sache. Je crois qu'il n'y a qu'Alice.

Je me suis dit que je ne savais rien de lui. J'avais profité de la liberté qu'il nous avait donnée, mais je ne m'étais jamais intéressée à lui.

– Tu as été marié ?

– Hum, il a fait. Mais le cancer a rattrapé Babé trop vite. Beaucoup trop vite. On tenait un restaurant au Québec.

Mamie s'est approchée de lui et a posé sa main tendrement sur son épaule.

Crotte. La mort, je n'avais pas envie qu'on aborde le sujet de la mort, là, en plein été, au milieu de la montagne et à quinze jours d'organiser une *action* qui allait faire parler de nous dans le monde entier. Ne pas parler de la mort. Jamais. Quitter cette discussion. Oublier la colère de maman. Revenir à la forêt. La contre-procession. La chapelle des Affres. Imaginer les journalistes. Les gros plans des télés sur les panneaux de la forêt, La Digitale emplie de monde, des musiciens de partout, la manif avec des milliers de gens venus depuis la plaine, du soleil, la fierté, la joie. Ne pas parler de la mort. Jamais. Rire. Vivre.

Mais maman avait prévu de repartir le surlendemain, avec moi, que je le veuille ou non. De gré ou de force.

– Elle a peur pour toi, a dit mamie. Ne lui en veux pas.

– Mais toi, tu ne te fais pas de souci pour moi ?

– Je suis ta grand-mère, rien à voir. J'essaie d'être à la hauteur de ton destin.

Je l'ai regardée et je me suis dit que je ne savais rien d'elle non plus. De ses cheveux crépus. De son allure de reine. De nos origines. Une terre inconnue de moi.

– Maman ne m'empêchera pas de participer à l'*action*.

– Si, a dit Pajim. Tu es mineure. Tu es sous la responsabilité d'Alice. Elle est effrayée, elle te protège. Point barre.

J'avais envie de hurler. Si elle m'empêche, je me sauve. Je fugue.

– Je serai là le 15 août avec vous, point barre, comme tu dis.

Ça m'a paru adéquat ce *point barre*, même si je ne sais absolument pas ce que ça veut dire.

– Violette, a tranché Cassandre d'une voix si intense que ça m'a fait frémir, si tu fugues, que tu reviens à Bois-Creux en douce, ce sera l'occasion rêvée pour la police. Ils vont utiliser ta fugue pour interdire l'*action*. Imagine les gros titres : "Une mineure embrigadée par des zadistes".

Pajim a hoché la tête.

– Cassandre a raison.

– C'est injuste, j'ai soufflé. Totalement injuste.

Il y a eu un long temps moite et épais, interrompu par le feulement d'un chevreuil, le chant d'une chouette et d'autres mélodies qui, je le savais, allaient devenir ma play-list pour l'année à venir. Le ruisseau glougloutait doucement. J'imaginais Satang dehors, à l'affût.

– Si c'est ma dernière nuit, je veux la passer dehors avec toi, Cassandre, j'ai dit.

– Dehors ? Tu es sûre ?

Je n'ai rien répondu. Rien ne m'aurait fait changer d'avis. J'y serai allée, seule ou non. Pluie ou neige. Loups ou renards.

Pajim a sorti une bâche, de gros duvets, des matelas, de l'eau chaude, des lampes de poche.

– Traversez la rivière, enfoncez-vous dans le bois. Pas trop loin quand même… dit-il. Et attention au loup ! Il souriait. Profitez. Dormez. Ou pas. On est là.

– Gardez le téléphone à portée de main, a supplié mamie.

Cassandre, mutique, était terrorisée. Elle a peur de la nuit, de la nature, des animaux sauvages et de ces choses invisibles qui transforment les rêves en cauchemars et les anges en démons. Elle ne fait pas confiance à la nature. Elle affirme qu'elle n'existe pas, la nature. Que c'est un concept colonialiste. Une invention humaine. Et l'Homme est un prédateur.

Un destructeur. Une tractopelle cosmique. Je l'ai serrée dans mes bras.

Nous étions de l'autre côté du ruisseau, là où je m'étais échappée la nuit de l'insolation, Cassandre était blême, frigorifiée, mais je savais que, quelque part, Satang veillait sur nous.

– Ne parle pas, s'il te plaît, Cassandre. Écoute. Je ne veux pas partir, j'ai chuchoté.

Elle tremblait, dure et froide comme un glacier.

– Pourquoi veux-tu faire la contre-procession ?

Ses yeux étaient impénétrables. Son front préoccupé.

– Parce que c'est cool de grimper dans les arbres et de faire la une des journaux, j'ai répondu en souriant.

– C'est tout ? Tu ne le fais que pour ton plaisir personnel ?

Je ne savais pas quoi répondre.

– Non, j'ai corrigé, je le fais aussi pour la nature, les animaux, les arbres…

Elle m'a interrompue :

– Si tu dois revenir contre l'avis de ta mère, il faut que tu travailles ton sujet, Violette. Parce que là, ton acte de résistance, c'est plutôt le caprice d'été d'une gamine qui aura tout oublié à Noël. On va se mettre en danger, Violette. Ça n'est pas pour faire la une des journaux qu'on fait ça. C'est parce que le monde à venir sera invivable, on n'a plus le droit de ne rien faire. Satang, demain, elle n'aura plus d'habitat. Plus de nourriture. Plus d'eau pour se désaltérer. Ce qu'elle va connaître, c'est déjà ce que vivent des millions de gens sur la planète. Si tu dois revenir à la contre-procession en gamine fugueuse, qui défend une idée de nature sauvage qui n'a rien de sauvage, inutile de revenir. Mais si tu veux rester, et tu dois rester, convaincs ta mère. Sois forêt, comme tu dis. Pas romantique urbaine.

– Qu'est-ce que tu as ?

J'étais vexée. Je me suis éloignée d'elle.

Je n'avais vraiment pas envie de m'éterniser là-dessus, ni d'y réfléchir. Les étoiles brillaient, c'était splendide. Cassandre ne semblait pas les voir, ni les entendre, ni même les comprendre. Mais étais-je certaine de les entendre, moi, du haut de mes presque seize ans ? N'étais-je pas plutôt en train de patauger dans l'illusion de la grande nature qui n'a plus rien de sauvage, comme le prétendait Cassandre ?

Au loin, un feulement. Satang. Cassandre a frémi.

– Elle va nous attaquer.

– Tu délires ou tu prédis ?

– Quand j'ai peur, je ne prédis rien de bon, et je suis de mauvaise humeur. Satang ou des loups vont nous bouffer et demain il n'y aura que nos os au bord du ruisseau, dans ce foutu linceul de nylon qui ne me réchauffe pas.

Je me suis collée à elle, je sentais ses côtes saillantes dans le duvet.

– Il n'y a déjà que des os dans ton linceul de nylon. Tu n'intéresseras que les vautours. Ou les gypaètes, ils ne mangent que les os.

– Je n'ai pas envie de mourir dévoré par Satang, sa clique de loups ou des gypaètes.

Ses yeux étaient brillants, ses joues pâles, ses lèvres framboise. Si férocement belle.

– Tu ressembles à un vampire, Cassandre.

Son cœur battait fort sous sa laine polaire. Sous son sein. C'était comme un adieu, une dernière nuit, un je-ne-sais-quoi de fin du monde qui donnait envie de tout vivre, tout de suite. Nous nous sommes regardées, immenses, effrayées, engourdies, si timides.

Et c'est à ce moment-là que Satang a glapi doucement, à quelques mètres de nous. Nous nous sommes retournées, et là, nous les avons vus. Accolés à leur mère, deux renardeaux nous observaient de leurs yeux brillants, effrayés et malhabiles. Satang les rassurait avec de petits sons graves. Les invitant à s'approcher de nous. Cassandre ne frissonnait plus. Les deux petits tremblaient de peur. Une peur de l'humain, que je ressentais de façon vertigineuse. Ces trois êtres démunis, fragiles, malmenés, nous offraient leur beauté et nous suppliaient. Il n'y avait pas de silence, juste des souffles, des frémissements, de petits cris bouleversants. Cassandre et moi, du côté des humains, des puissants, des destructeurs. Les aider, oui. Les sauver, oui. Les aimer, oui. Satang a eu cette espèce de sourire et, après un dernier regard, elle a pris la fuite, suivie de ses renardeaux gauches et menacés.

C'était le 8 août. Ma dernière nuit à Pla Perré.

Et la première de notre amour indomptable.

Lorsque Cassandre a tourné son visage vers moi, j'ai cru qu'elle pleurait, ou qu'elle allait m'embrasser, je ne sais plus parce que c'est à ce moment-là qu'il a hurlé.

Un cri d'amour déchirant.

Le loup.

14

Probablement est-ce cet indicible amour qui a décidé de ce qui allait advenir. Notre plan, peut-être irréalisable, pour que maman reste à Pla Perré et ne m'embarque pas avec elle.

– Pour convaincre maman, il faut rouvrir son cœur, ai-je dit à Pajim et mamie Yann. Rouvrir son cœur, c'est la rendre amoureuse. Si elle aime, elle sera là jusqu'au 15 août. Il faut lui trouver un amoureux.

Pajim et mamie nous ont écoutées, amusés.

– La nuit vous a porté conseil, a dit Pajim. Quelle drôle d'idée !

Il n'y croyait pas du tout. Il était gentiment moqueur. Ça m'exaspérait.

7 heures du matin, on ne s'était jamais réveillées si tôt de tout l'été.

– Si maman tombe amoureuse, elle restera, j'ai insisté. On a besoin de vous.

Mamie, en mode pyjama et confiture de mûres, a secoué sa crinière grise et a déclaré que c'était définitivement romantique.

– Mais impossible, Alice est pudique et détestera que tu la voies amoureuse.

Elle a souri, nous a regardées, Cassandre et moi, ébouriffées, fatiguées, mais habitées d'une nuit lumineuse. Je luttais contre le désespoir, je ne voulais pas partir, pas quitter Cassandre, je voulais me battre pour Satang, ses petits, le loup, leur forêt.

Mamie a regardé Pajim, longtemps, elle nous a tendu un café et a fini par déclarer :

– Mais ça se tente. Vu qu'elle est en miettes, le cœur au bord des lèvres, ça se tente. Ta mère pourrait bien être troublée par les arguments solides d'un homme révolutionnaire, plein d'idéaux et d'audace. Ça se tente.

Pajim a hoché la tête.

– Vous êtes une bande de folles.

– Révolutionnaires romantiques, a ajouté Cassandre.

J'étais éperdue de joie, de force, d'énergie.

Nous avions donc une journée pour inviter Éros dans la vie de maman.

Mamie a immédiatement commencé à faire une impressionnante liste d'éligibles. Pajim a demandé :

– Tu connais vraiment tous ces hommes ?

– Oui.

– Il y en a tant que ça à Bois-Creux ?

– Hum, a fait mamie.

Pajim, déconcerté.

– Des êtres attractifs et intelligents, elle a ajouté. Capables de la convaincre.

– De la séduire, ce serait mieux, j'ai rectifié.

– Alice est une coriace. L'apparence ne lui suffira pas. Il faut de l'esprit. Du contenu. Du vécu. Il faut la bousculer, l'attirer, la capter.

– La retenir, a dit Cassandre.

Mamie s'est concentrée sur sa liste tandis que Pajim s'est mis à imaginer des plats aphrodisiaques, bourrés de piments, de poivre et de gingembre.

– Ça va le faire. Pas de viande, il a dit. Ça embourbe le désir.

Ça nous a fait sourire. On est plus Athéna qu'Éros, avait dit Cassandre ce matin après notre nuit d'amour sauvage, et on a une guerre à gagner, Violette.

La liste de Yannou a été finie à 8 h 30. Maman dormait encore. Cassandre et moi avons couru à Bois-Creux expliquer la situation. Évidemment, il était hors de question de dire qu'on cherchait un amoureux intelligent pour maman – “ou une amoureuse”, a dit mamie, ce qui m'a beaucoup troublée. Elle avait écrit Saskia sur la liste. Nous devions persuader les gens de la liste de venir au chalet sur ordre de Yannou, de façon urgente, afin d'expliquer leur lutte, sinon maman risquait de cafter, de prévenir les gendarmes, de les accuser de détournement de mineur, bref, de tout faire foirer.

À 10 h 30, nous avions vingt personnes, toutes décidées à convaincre maman de l'importance de l'*action*, de sa légitimité, de son absolue justesse. Le choix de Mamie était d'une dizaine de personnes, mais dix de plus ont voulu venir. On leur a demandé d'être polies, aimables, de se saper joliment, vu que maman est quand même sensible à l'apparence, et si possible d'être lavées, peignées – pas d'eau de toilette, j'ai précisé, elle déteste ça –, et de venir à 13 heures au restaurant, Pajim prépare un plat génial.

– Un truc de dingue, a prévenu Cassandre.

Certains ont alors prévu de venir avec des fleurs ou des bandeaux dans les cheveux, des baggys colorés, des senteurs de rose et de jasmin, des bouteilles de gingembre citron. Mais, de fait, tous avaient déjà une tête splendide, soit burinée par la vie au grand air, soit magnifiée par leurs idéaux de justice. Léo amènerait sa guitare. D'autres apporteraient leurs dossiers. La fameuse Saskia, une grande femme aux yeux noirs, semblait réticente, mais viendrait puisque Yannou le demandait. Maman allait être prévenue non pas qu'elle allait avoir un rendez-vous galant avec quinze personnes, mais qu'un comité avait envie de la rencontrer pour lui expliquer le projet et sa non-dangerosité.

Yannou semblait sûre de ses choix :

– Je connais ma fille, elle sera attentive à Brocke et à son mètre quatre-vingt-dix, Alice a toujours adoré les grands.

D'où ma taille, j'ai pensé, l'Espagnol devait être immense.

– Ou Marius, yeux verts, roux, tendre et incollable sur les particules fines. Elle nous les détaillait. Un esprit élevé. À moins qu'Yves et son petit bedon ne la fassent craquer avec son exposé sur les dérives de la sylviculture en France.

– Retiens ça, Violette, m'a dit Cassandre : on remplace des forêts de feuillus en bonne santé par des monocultures de résineux juste pour le fric. Il n'y a rien qui vit sous des résineux, pas d'animaux, de flore, rien. La biodiversité s'effondre. Ça perturbe le climat, le stockage du carbone. Les machines tassent les sols. Ça a des impacts sur l'eau. Tu comprends, Violette ?

Je ne comprenais pas grand-chose, à ce moment-là, j'étais en mode warrior de l'amour.

– Il faut que tu parles avec Yves, il est génial, ce type, a ajouté Cassandre.

– Je suis d'accord, a dit mamie. Il m'a fait chialer avec son exposé. Impossible qu'Alice soit indifférente.

– Et Saskia ? Pourquoi une femme ?

– Un joker, m'a interrompue mamie, indéchiffrable. Ça dépendra de Saskia. Rien ne l'arrête si son cœur vibre. Et ta mère...

J'ai dû me contenter de cette réponse. Tout allait si vite. Trop vite. Je commençais à comprendre ce que voulait dire *urgence*. Le rendez-vous allait être houleux, parce qu'évidemment tout le monde avait autre chose à faire que de convaincre une citadine prête à faire capoter l'*action*. On ne savait pas si maman allait être de feu ou de mousse. Réceptive ou furieuse. Ça allait être tendu, mais Pajim promettait de nous calmer en embaumant l'air de saveurs érotico-végétales.

Lorsque nous sommes revenues au chalet avec Cassandre, il était presque midi, maman dormait encore.

– Il faudrait peut-être la réveiller ? j'ai suggéré.

Ça sentait vraiment bon. Bizarre qu'elle n'ait pas mis son nez dehors.

– Sa voiture est là ? a demandé Cassandre.

– Elle l'a laissée au parking en bas, a répondu mamie.

En bas, ça veut dire à trois cents mètres derrière l'entrée du refuge. Invisible depuis le chalet.

À 12 h 45, j'ai entendu des chants, la guitare de Léo, la troupe arrivait. J'ai foncé jusqu'à la chambre de maman, qu'elle puisse au moins se rincer le visage, s'habiller. J'ai toqué à la porte, j'avais les jambes en coton.

– Maman ! j'ai chuchoté.

Mais de maman, il n'y en avait pas. Elle avait quitté sa chambre. Et avait laissé un mot, bien en vue sur le lit. Pour moi.

Lorsque toute la clique est arrivée, l'air grave et déterminé, maman avait disparu, laissant tout ce possible amoureux se goinfrer de saveurs délicieuses et s'avachir dans un pré en riant. La sieste allait durer tout l'après-midi. On se serait vraiment crus tous en vacances, insouciants de ce qui allait arriver.

Le soir même, tout le monde se remettait au boulot.

Sur le mot de maman que je n'ai lu à personne, elle avait écrit qu'elle me faisait confiance.

Elle avait ouvert sa fenêtre cette nuit.

Entendu la beauté du monde et le feulement d'un animal.

Un renard s'était approché d'elle.

Et elle croyait même avoir entendu un loup.

Elle en avait pleuré.

Elle comprenait.

S'excusait.

M'aimait.

Et était fière de moi.

Je serai là le 15 août, concluait-elle.

15

Ce qui a fait la une des journaux, ce n'est pas ma fugue, ni les panneaux en haut des arbres, ni la disparition de la biodiversité, ou les tractopelles. C'est Cassandre. Et la une des journaux était dans le coma, les cheveux rasés, un bandage sur l'œil, des croûtes de sang sur le crâne, livide.

– Une grenade quoi ? GM2L ? C'est quoi une grenade GM2L ? a hurlé son père au médecin qui le soignait.

– Calmez-vous, a répondu le chirurgien, ce n'est pas moi qui l'ai lancée.

La mère de Cassandre n'avait pas pu venir le 15 août, seul Marius, son père, était là, avec son bermuda orange, son tee-shirt violet et sa gueule écarlate de fureur et d'angoisse.

– Qui a lancé cette saloperie ?

Ne meurs pas, s'il te plaît, étaient les seuls mots que je pouvais chuchoter. Je n'osais pas la toucher. Cassandre avait des tuyaux de partout. Ne semblait pas respirer, elle avait des soubresauts terribles.

Maman me tapotait la main de temps en temps. Pajim, bouleversé, parlait avec la presse. Le père de Cassandre menaçait de tout casser. Il était avocat, on entendrait parler de lui. Il pleurait. Pas moi. J'étais de marbre. Ne meurs pas, s'il te plaît. Le souffle de Cassandre s'arrêtait, une machine bipait, une infirmière arrivait, nous demandait de sortir, et ça recommençait. Je reprenais place. Le cœur brisé. Tremblante. À vif. Rien ne m'aurait fait quitter l'hôpital. Rien. Lorsqu'on m'a dit que je devais partir pour la nuit, je me suis débattue comme une folle. Je crois que j'ai mordu quelqu'un. Maman et mamie se sont opposées à ce qu'on me fasse une piqûre. Il n'y avait pas de lit pour moi aux côtés de Cassandre, l'hôpital était en effectif réduit, les urgences bondées, les chambres toutes occupées, le personnel hospitalier épuisé. Un 15 août ! Maman a proposé qu'on attende dans une salle d'attente.

– N'importe où, elle a dit, même en maternité. Cassandre avait besoin de dormir.

– Elle ne dort pas, j'ai dit. Elle meurt.

Son père a éclaté en sanglots.

J'étais là déjà depuis plus de vingt heures, m'a dit mamie. Je devais me reposer.

– Je suis à ma place.

Maman était arrivée à la fin de la contre-procession, la route étant bloquée par les gendarmes, elle nous avait rejoints aux urgences. Elle n'a même pas essayé de me faire quitter le lit de Cassandre. Je ne bougerai pas d'ici. De cet hôpital. Pajim a apporté des plats. Que je ne mangeais pas. J'étais effondrée.

La veille, tout avait été magnifique, même si j'avais senti chez Cassandre comme une retenue. Elle était pâle. Silencieuse. Je m'étais dit que c'était sa claustrophobie. Il y avait tant et tant de gens. La procession démarrait de la plaine, en bas, à 10 heures, et devait arriver à la chapelle des Affres à midi. Lorsque les deux défilés se sont croisés, ce fut inimaginable. Ils étaient cent cinquante. Nous cinq mille. Après des échanges avec un curé en soutane et dentelle blanche, un amoureux des forêts, tout s'est mélangé en un joyeux défilé contre la destruction de Bois-Creux. Procession/contre-procession, même chemin.

– On ne touche pas à l'œuvre de Dieu ! hurlaient les uns.

– La scierie ? On n'en veut pas ! Ni ici ! Ni là-bas ! clamaient les autres.

Ça chantait. Riait. Des enfants, partout. Des chiens. Le père de Cassandre hilare. Mamie en robe bleu ciel. Des fleurs. Des brebis. Nos panneaux en haut des arbres arrachaient des applaudissements.

– Tu as vu celui-là ? a hurlé le père de Cassandre. Il fallait oser le mettre aussi haut !

Fierté. Mickael complice. De la joie partout. Jamais je n'avais vécu un moment d'une telle intensité.

– C'est mon plus bel été, j'ai soufflé à Cassandre qui ne quittait pas ma main.

Et puis, Bois-Creux, Pajim aux fourneaux, fêté comme un dieu. Heureusement qu'il y avait des food-trucks, car l'équipe cuisine était débordée. De la musique, le curé dansant avec mamie, une farandole de cent personnes ivres de joie, des jeunes de partout, des vieux plus fous que nous, des clowns, des gens venus de si loin, j'étais étourdie. Ça parlait italien, espagnol, allemand, anglais. Une tour de Babel ! Je pensais à Satang, quelque part, cachée, effrayée peut-être. Je lui avais expliqué ce qui se préparait. Qu'elle se cache et s'occupe de ses renardeaux.

– On vit un moment dingue, disait Cassandre.

Cassandre, habillée d'un short à carreaux jaunes et verts, des herbes folles dans ses demi-cheveux au vent, eye-liner, débardeur noir à paillettes, pieds et bras nus, des bagues à chaque doigt, riant, buvant pour que sa peur se dissipe, que cette ride au milieu du front s'estompe, que son pressentiment reste tout au fond de son âme, Cassandre vacillant un peu, légère comme jamais je ne l'ai vue.

Cassandre. Ne meurs pas.

C'est à 17 heures que ça a mal tourné. Lorsque Bois-Creux a commencé à voir partir les uns et les autres. Maman, affolée, me laissant des messages : *Je suis bloquée ! Ça va ?* Je ne sais pas ce qui s'est passé. Quelqu'un aurait lancé des pierres sur les policiers depuis un arbre, paraît-il. Une tractopelle aurait fait mine de s'avancer. Des injures. Des policiers encerclant le bois avec des armes. Des cris. Des objets lancés de part et d'autre. Pajim affolé, sa cantine piétinée. Les mères prenant les enfants dans les bras. Fuyant. Des fumées partout. Le curé essayant de s'interposer. Cassandre pliée en deux, s'étouffant. J'ai pensé que c'était exactement ce qu'il avait prédit : la guerre.

– Où est mamie ? j'ai crié.

On ne voyait plus rien, sinon des silhouettes ici et là, des hurlements. Puis des coups de feu.

– Des grenades, m'a dit Cassandre.

Là, j'ai eu vraiment peur.

– Il faut partir, j'ai dit.

Mais Cassandre, si effrayée de tout, ne voulait plus partir.

– On reste, elle a dit.

– Médic ! Camion médic ! Il y a un blessé !

Quelqu'un hurlait.

– Il faut partir ! j'ai supplié.

Je ne savais même pas par où, on ne voyait rien. Des gens criaient. Un moment, j'ai entendu : Violette ! Violette !

Mamie. Où était mamie ? Mamie !

Un chien hurlant, cherchant éperdument son maître. Des jeunes pleuraient à cause des lacrymos. D'autres assis par terre. Recroquevillés. Choqués. Certains déchiquetaient les arbres pour prendre des bâtons. Je criais :

– Non, pas les arbres !

Ils cherchaient des armes. Des pierres. Quelques-uns, immobiles, chantaient, stoïques, entravés les uns aux autres, face aux forces de l'ordre.

Comment un moment aussi heureux avait-il pu se transformer en cette barbarie ?

– Il faut partir, Cassandre !

– Non, il faut arrêter ça, furent les derniers mots de Cassandre dans cet enfer, cette guerre d'été, cette violence humaine.

Aucun animal ne ferait ça, j'ai pensé. Aucun.

– Il faut arrêter ça, chuchota Cassandre une dernière fois avant qu'une grenade explose et lui déchire la moitié du visage.

– Ah ! elle a crié, avant de tomber en avant.

Mon cœur en écho. Qu'il s'arrête, ce cœur.

Cassandre effondrée. Ça hurle autour de nous. Je suis à genoux à ses côtés. Je chuchote :

– Cassandre ?

Elle ne m'entend pas. Son visage rougi de sang. Son sourire s'éteint. Sa main devient flasque dans la mienne.

– Cassandre ?

Sa poitrine se soulève, elle crache du sang. Je veux mourir pour de vrai.

Cassandre !

Noir.

16

Je ne me remettrai jamais de cette journée. Jamais. Je sais qu'elle restera comme l'instant précis où l'enfance m'a définitivement abandonnée.

– Tu n'étais déjà plus une enfant, dira Cassandre.

– Si, je l'étais un peu, tu sais bien. Je jouais, en haut de mes arbres. Tandis que toi, tu savais. Car tu savais, n'est-ce pas ?

Cassandre entre la vie et la mort, plus de dix jours. Tout son être a disparu pendant ces dix jours. Il s'est désagrégé, son être, tandis que j'essayais de décupler le mien, pour l'atteindre, le porter, l'emmener hors de ces moches murs vert vomi. Il y a eu des tonnes d'examens. Cassandre devrait survivre, disaient les médecins. Sauf que tout semblait hurler le contraire. Moi, je ne *sentais* plus sa présence. Le médecin précisa un jour que son visage porterait des traces. Mais la chirurgie faisait des miracles. Son épaule avait été touchée ainsi que sa jambe droite, rien d'irréparable, il existe des prothèses fantastiques. Le crâne était défoncé, mais aucun traumatisme visible à la radio et au scan. Ce serait mieux de convaincre Cassandre de laisser pousser ses cheveux ou de porter une perruque. Ça irait. Avec le temps. Quant à l'œil droit, il était perdu. Tout le monde se demandait pourquoi Cassandre ne sortait pas de ce foutu coma. Les signes cliniques sont bons, aucune détresse vitale, disait-on. Moi j'étais là, auprès de lui, d'elle, je ne savais plus, attendant son retour. Jour et nuit. Je n'ai pas quitté son chevet. Je ne pouvais pas. Sa mère était là avec son père. Silencieux. Dès que j'étais seule avec Cassandre, je lui parlais.

– Tu vas avoir des prothèses, ça vaut le coup de revenir. Des trucs en titane. Connecté. Ton genou pourra se mettre en wifi, tu imagines ? Et ton œil aussi sera connecté. Tu vas décupler tes dons de prédictions. Tu pourras voir des séries les yeux fermés. Ça vaut le coup de revenir. Vraiment.

Cassandre ne bougeait pas. Les machines bruissaient. Ses paupières restaient closes. Immobiles ses doigts. Son souffle inaudible. Je lui lisais les mots des amis. Léo, Mila, Mickael. Morgan. Et d'autres.

Des centaines, des milliers de mots d'encouragement, de colère, d'amour.

– Tu deviens une icône, Cassandre. Reviens voir ça. Même cinq minutes.

À part moi et sa famille, aucune visite n'était autorisée. On patientait tous dans l'incompréhension. Pourquoi ses yeux ne s'ouvraient-ils pas ? Sa mère affirmait que les médecins mentaient. D'après elle, le gouvernement était dans le coup, il demandait aux médecins de faire traîner, de la maintenir en vie artificiellement.

– Ils nous mentent, c'est foutu, Cassandre ne va pas survivre, mais ils attendent que l'opinion se calme pour l'annoncer. Une mineure morte à une manif, c'est irréparable pour eux.

Je ne supportais pas d'entendre ça.

– Ce n'était pas une manif, j'ai répondu. Et Cassandre est en vie.

Sa mère pleurait doucement. Ça me brisait le cœur. J'essayais de ne pas le lui montrer. Sourire. Maman aussi venait nous voir. Tendre. Creusée. En colère.

– Ta mère croit qu'il y a un complot pour te maintenir en vie, Cassandre. Tu en penses quoi ?

Aucune réponse. Et je ne pouvais pas imaginer qu'un jour il n'y ait plus que ce silence. Hors hôpital, il y avait des rassemblements contre les violences policières, l'usage des armes dans les manifs, des débats. Bois-Creux était sauvé, les travaux interrompus, le projet rejeté. L'installation d'une méga-scierie ne justifiait pas la vie d'un mineur, ni une blessure aussi grave. Ça me donnait envie de vomir. Ils parlaient de ta mort. Jamais je n'ai autant pensé à ça. À la mort. Jamais je n'avais voulu y penser. Là, j'avais le nez dedans. Ça pue, la mort, quand tu as seize ans. Ça fout la trouille. Ce n'est pas de mon âge, merde. Le curé de la procession du 15 août a voulu me parler. Lorsque je suis sortie dans le couloir pour le rencontrer, il était habillé en civil, avec un jean bien repassé et une chemisette à manches courtes. Ses bras étaient tout blancs. Ça n'était pas le vrai curé que j'avais vu en soutane et dentelle. Tu méritais moins qu'une chapelle ? Je lui ai tourné le dos. Reviens déguisé en curé ou tire-toi, j'ai pensé. Connerie tout ça. Un carnaval, sa procession. Je ne veux voir personne de toute façon. Qu'ils m'oublient.

J'ai su par Mickael qu'un mouvement se constituait, fédérant toutes les luttes pour préserver l'environnement. Un truc énorme. Une assemblée d'au moins cinquante mille personnes. *Tu sais comment ils l'ont appelé, Violette ?* écrivait Mickael. *Combattre Aimer Sauvegarder Sans Avoir à Nous Défendre le Reste de nos Étés.* C'est méga long comme nom pour un groupe de défense : Combattre Aimer Sauvegarder Sans Avoir à Nous Défendre le Reste de nos Étés, j'ai pensé. C'est quand je l'ai vu écrit que j'ai réalisé que ça voulait dire CASSANDRE. Combattre Aimer Sauvegarder Sans Avoir à Nous Défendre le Reste de nos Étés. Un acronyme, on dit. Je l'ai appris toute seule, Cassandre. Puisque tu es je-ne-sais-pas-où, je suis obligée d'apprendre seule.

J'étais certaine que Cassandre me voyait.

Ses parents et ma mère se sont liés d'amitié. Avec Pajim et mamie, ça ressemble de plus en plus à un genre de famille. Ça fout la trouille.

– Ne me laisse pas toute seule, Cassandre.

Si Cassandre devait séjourner dans cet hôpital, j'avais décidé de ne pas retourner en cours. Je ne survivrais pas sans Cassandre, j'ai dit. Alors Pajim a dit que je pouvais intégrer un lycée dans la région. Je crois qu'ils en ont discuté longtemps. On m'a évité ce genre de débat familial. De toute façon, tout le monde était à deux doigts de venir s'installer près de l'hôpital. Je n'ai jamais cessé de te parler. Un jour je t'ai confié que j'avais compris. OK, c'est la guerre. OK, l'urgence. On ne peut pas rester sans rien faire. C'est quoi ce monde qui nous tue ? Tu ne répondais pas. Je lisais des tas de livres que Mickael et Mila me faisaient passer. J'étudiais. J'apprenais que ce monde avait besoin de nous. Et plus encore, que nous avions besoin de lui. Je lisais à voix haute.

Un jour, j'ai vu un cheveu blanc dans ses cheveux. Un cheveu blanc ! J'ai appelé une infirmière :

– Cassandre vieillit à vue d'œil, c'est normal ?

– C'est le choc, Violette. Ne t'inquiète pas. Et peut-être que tu en as toi aussi, elle a répondu.

Cette femme, l'infirmière, Mariette a été là tous les jours.

– Vous faites douze heures par jour ? je lui ai demandé.

– Ma fille était à la manif, elle a répondu. Si c'était elle qui était à la place de Cassandre, je serais comme toi, à demi morte, agrippée au lit.

– Je ne suis pas à demi morte, j'ai fait.

Elle a souri en sortant. Ce n'était pas une manif. Mais une *action*, j'ai poursuivi, seule. Une contre-procession. Tout à coup, je me suis sentie très vieille. Je me suis levée, je me suis regardée dans la glace de la petite salle de bains et je ne me suis pas reconnue. Maigre, cernée, des yeux de feu, le cheveu en bataille. Gothique. Ou une tronche d'*activiste.* Ténébreuse. J'ai pris dix ans. Ça ne me déplaît pas. Toi aussi tu vas adorer ça, Cassandre.

Lorsque je suis revenue, tu ne respirais plus. Il a fallu que tu meures.

Dix minutes environ. Ou mille ans.

Avant que Mariette ne te réveille.

Je ne respirais plus non plus. J'étais dans un coin, invisible, à force on ne me demandait même plus de sortir. Ils ont fait ce qu'il fallait pour que tu reviennes. J'ai vu. J'ai gardé les yeux ouverts, claquant des dents, mordant mes joues pour ne pas crier, j'ai chialé je crois, vraiment, pour la première fois. J'ai compris ce jour-là combien c'était brutal de naître, cruel de vivre et violent de revenir au monde.

Car tu es revenue. Tu as ouvert les yeux peu après. Et, avec ce sourire de coin qui allait devenir le tien, tu m'as demandé d'une voix d'été :

– Tu as des nouvelles de Satang, ma forêt ?

Un ruisseau traversé par des pas de renarde et de loups a murmuré. Une pervenche s'est affolée, un orage a grondé tandis qu'une étoile tombait des nues, éclaboussant un nid d'aigle perché au-dessus d'une crête inatteignable. Je me suis sentie immense et multiple, reliée à tout ce qui m'environnait, archaïque et nouvelle-née.

Puissante. Montagne.

Enfin forêt.

Ouvrage réalisé
par l'atelier graphique Actes Sud,
reproduit et achevé d'imprimer
en décembre 2024
par Normandie Roto Impression s.a.s.
à Lonrai
pour le compte
des éditions Actes Sud,
Le Méjan place Nina-Berberova,
13200 Arles.

Dépôt légal
1re édition : janvier 2025
N° impr. : 2405734
(Imprimé en France)